Die
Schenkung auf den Todesfall
nach dem
sächsischen bürgerlichen Gesetzbuche.

Eine civilrechtliche Abhandlung

von

Dr. Emil Sehling,
Docent der Rechte an der Universität Leipzig.

Leipzig,
Verlag von Veit & Comp.
1886.

Druck von Metzger & Wittig in Leipzig.

Vorwort.

Die vorliegende Schrift, welche am 1. November 1884 in der Preiskonkurrenz der Eisenhuth'schen Stiftung von der Juristischen Fakultät der Universität Leipzig mit dem ersten Preise gekrönt worden ist, soll in erster Linie das geltende sächsische Partikularrecht zur Darstellung bringen. Ich habe aber versucht, durch eine geschichtliche Einleitung, sowie durch stete Bezugnahme auf das römische Recht und andere Rechtsquellen der Arbeit eine breitere wissenschaftliche Grundlage zu geben; auch bin ich der Ansicht, daß eine ausführliche Darstellung jenes alten Rechtsinstituts in der eigenthümlichen Gestalt, welche es in einer der neueren Gesetzgebungen erhalten hat, auch für das größere civilistische Publikum nicht ohne Interesse sein dürfte.

Leipzig, am 1. Oktober 1885.

Emil Sehling.

§ 1.

Geschichtliche Einleitung.

I. Die Schenkung auf den Todesfall[1] ist nach römischem Rechte eine Schenkung, deren Perfektion davon abhängig gemacht wird, daß der Schenker den Beschenkten nicht überlebt; sie ist ein Akt der Liberalität, welcher in der Mitte steht zwischen der reinen Schenkung, der donatio inter vivos, und dem Legate,[2] sie ist eine letztwillige Verfügung in Form des Vertrages.[3]

Die Schenkung auf den Todesfall unterscheidet sich daher sowohl von dem Vermächtnisse, als auch von der gewöhnlichen Schenkung. In

---

[1] Zur Geschichte der mortis causa donatio vgl. Haubold, Opuscula academica. Lips. 1824. 1, 457 ff., Vorrede hierzu von Wenk, S. 45 ff.; Schirach, Betrachtungen über die Schenkung auf den Todesfall, im Archiv für civil. Praxis. II, 3. § 2, S. 198 ff.; v. Schröter, Ueber die mortis causa donatio, in der Zeitschrift für Civilrecht und Prozeß. 2, 97 ff. 99 Anm. 4; Roßhirt, Die Lehre von den Vermächtnissen nach römischem Recht. Erster und allgemeiner Theil. Heidelberg 1835. S. 80 ff.; Wiederhold, Zur Lehre von der Schenkung auf den Todesfall, in der Zeitschrift für Civilrecht und Proceß. 15, 100. 103; Savigny, System des heutigen römischen Rechts. Berlin 1841. 4, 261 ff.; Keller, Grundriß zu Vorlesungen über Institutionen. Berlin 1854—1858. § 339. — Ueber die Form der mortis causa donatio vgl. Vatic. fragmenta. 249. (Huschke, Jurisprud. anteiustin. quae supersunt. Lips. 1879. S. 764); l. 1. C. Th. 8, 12; l. 25 C. de donat. 8, 54; Savigny, a. a. O. 4, 261 ff.; Vangerow, Lehrbuch der Pandekten. 7. Aufl. Marburg und Leipzig 1867. 2, 558 ff. Zu l. 4 C. de mortis causa donatione 8, 57 vgl. insbesondere Schröter, a. a. O. S. 133 ff.; Hasse, Ueber Erbvertrag u. s. w. im Rhein. Museum für Jurisprudenz 3, 1 ff.; Savigny, a. a. O. 4, 263; Vangerow, a. a. O.; Keller, Pandekten. Leipzig 1861. § 69. — Vgl. auch W. Müller, Ueber die Natur der Schenkung auf den Todesfall. Gießen 1827. § 27. 28. Litteraturnachweise s. bei Cohen, Die Lehre des römischen Rechts von der Schenkung von Todeswegen. München 1878. § 8.

[2] Vangerow, a. a. O. 2, 559. Anm.

[3] Windscheid, Lehrbuch des Pandektenrechts. 5. Aufl. Stuttgart 1879. § 369.

Abweichung vom Legat ist sie ein Vertrag,[1] durch welchen der Geber nicht für die Erbschaft eine erst von dem Erben zu vermittelnde Belastung herbeiführt, sondern sich selbst unmittelbar eine Vermögensverminderung zu Gunsten des Beschenkten aufbürdet.[2] Die mortis causa donatio steht also vollkommen selbständig dem Schicksale der Erbschaft gegenüber da. Von der gewöhnlichen Schenkung unterscheidet sie sich namentlich dadurch, daß sie stets von dem Nichtüberleben des Schenkers abhängig ist und erst durch den Tod des letzteren zu wahrer Perfektion gelangt,[3] so daß sie also auf die Erben des Beschenkten nicht übergeht, wenn der Schenker den Beschenkten überlebt.[4] Dagegen liegt kein unterscheidendes Moment, wie früher behauptet wurde, in der freien Widerruflichkeit einer Schenkung auf den Todesfall, da auf den Widerruf rechtswirksam verzichtet werden kann.[5]

Diese kurze Ausführung möge zur Charakterisirung der mortis causa donatio des römischen Rechtes genügen; die einzelnen für dieses Rechtsinstitut geltenden Vorschriften sollen bei Gelegenheit der entsprechenden Bestimmungen des bürgerlichen Gesetzbuches zur Darstellung gelangen.

II. Das auf der gesetzlichen Erbfolge[6] basirende deutsche Erbrecht hatte durch das Institut der Vergabungen auf den Todesfall dem Bedürfnisse entsprechend die Möglichkeit gewährt, Vermögensgegenstände auch dritten, nicht verwandten Personen hinterlassen zu können.

Um von den älteren Rechtsquellen[7] hier abzusehen, hatte insbesondere die bekannte Stelle des Sachsenspiegels (II, 30) den Satz bestätigt, daß Vergabungen auf den Todesfall nur mit „gerichtlicher Bestätigung", d. h. in der Form rechtsgültig errichtet werden konnten, in der man allein Eigenthum an unbeweglichen Gegenständen zu übertragen in der Lage war: durch gerichtliche Auflassung.[8] Diese Vergabung auf den Todesfall

---

[1] Vgl. l. 38 D. de mortis causa donatione 39, 6. Anderer Ansicht: Savigny, a. a. O. 4, 278 ff., W. Müller, a. a. O. § 28.

[2] Vgl. O. Müller, Lehrbuch der Institutionen. Leipzig 1858. S. 688, Anm. 7; Kuntze, Kursus des römischen Rechts. 2. Aufl. Leipzig 1879. § 913, § 985.

[3] l. 32 D. h. t. (39, 6). [4] Vgl. Hasse, a. a. O. 2, 341 ff. [5] Vgl. unten.

[6] Vgl. Tacitus, Germania c. 20. Vgl. Stobbe, Handbuch des deutschen Privatrechts. 5, 170 ff. (Berlin 1885.)

[7] Vgl. die Zusammenstellung bei Kugelmann, Gemeinrechtliche Begründung des partikulären Erbvertrages. Erlangen 1877. S. 3 ff. Lörsch und Schröder, Urkunden zur Geschichte des deutschen Rechts. I. Privatrecht. Bonn 1874. Nr. 34. 35. 38. 41. 50. Vgl. auch Stobbe, a. a. O. 5, 172 ff.

[8] Vgl. Albrecht, Die Gewere. Königsberg 1828. S. 188 ff.; Beseler, Die Vergabungen von Todes wegen. Göttingen 1835. S. 153; Siegel, Das deutsche Erbrecht. Heidelberg 1853. § 36; Lewis, Die Succession des Erben. Berlin 1864. S. 25 ff.

übertrug sogleich ein dingliches Recht an den Bedachten, der Uebergebende behielt sich aber Besitz und Nutzung für die Lebenszeit vor. Bei Vergabungen fahrender Habe mußte ursprünglich zu der gerichtlichen Zusage noch die Uebergabe des betreffenden Gegenstandes zu Lebzeiten des Gebers hinzutreten.[1] Hiervon wurde jedoch späterhin im Anschlusse an die Magdeburger Schöffenpraxis abgesehen; seit dem vierzehnten Jahrhundert war es nämlich gestattet, Jemandem durch Vertrag fahrende Habe zu vermachen, ohne selbst den Besitz der betreffenden Gegenstände zu verlieren. Ein weiterer Fortschritt, der sich in der Magdeburger Schöffenpraxis hinsichtlich der Vergabungen fahrender Habe vollzog, bestand darin, daß diese Vergabungen, wie eigentliche Geschäfte von Todes wegen, von dem Ueberleben des Bedachten abhängig gemacht wurden und erst nach Abzug sämmtlicher Nachlaßschulden zum Vollzuge gelangten.[2]

Die Vergabung eines ganzen Vermögens auf den Todesfall bedingte verschiedene aus der Natur der Sache sich ergebende Abweichungen von diesen allgemeinen Grundsätzen,[3] jedoch schuf auch die Vergabung eines ganzen Vermögens auf den Todesfall ein sofortiges Recht des Beschenkten, welches auf seine Erben überging, mochte er den Geber überleben oder nicht.

Das Institut der Vergabungen auf den Todesfall verfolgte einen ähnlichen Zweck, wie die mortis causa donatio. Durch beide Rechtsgeschäfte sollte Jemandem etwas zugewendet werden, ohne daß der Geber sich selbst für seine Lebenszeit des Genusses des Zugewendeten beraubte. Aus diesem Momente entnahm das römische Recht sogar ein Begriffsmerkmal: Et in summa mortis causa donatio est, quum magis se quis velit habere, quam eum, cui donat, magisque eum, cui donat, quam heredem suum.[4]

Hiervon abgesehen waren die beiden genannten Institute des römischen und deutschen Rechtes durchaus verschiedene.

Außer der nach deutschem Recht erforderlichen gerichtlichen Form und

---

[1] „Donner et retenir ne vaut". Vgl. Sachsenspiegel I, 6 § 2. I, 31 § 2; Goslarer Statuten (ed. Göschen. Berlin 1840.) p. 9, 7—10. Vgl. Weiske, Praktische Untersuchungen auf dem Gebiete des heimischen Rechts. Leipzig 1846. 1, 97 ff.

[2] Vgl. Beseler, a. a. O. 1, 156. 159. 160; Kugelmann, a. a. O. S. 52. — Ueber die Eigenthümlichkeiten der Vergabungen fahrender Habe, die neben der besonderen Ausbildung der gelobten Morgengabe in den Städten den Keim des singulären Erbvertrages in sich trugen, vgl. Albrecht, Gewere S. 204 ff.; Stobbe a. a. O. 5, 184 ff.

[3] Vgl. Beseler, a. a. O. 1, 196. — Rücksichtlich der Haftung des Begabten für die Schulden des Gebers vgl. Beseler, a. a. O. 1, 171. 196. — Ueber die Natur dieser Vergabungen vgl. Albrecht, Gewere S. 204 ff.; Siegel a. a. O. S. 110. § 38.

[4] § 1. J. de don. 2, 7.

der bei Immobilien nothwendigen Einwilligung der Erben[1] waren die Wirkungen beider Rechtsgeschäfte von einander abweichende: die Vergabung übertrug sofort Eigenthum,[2] der Begabte beziehungsweise seine Erben erhielten deshalb das Uebergebene ohne Rücksicht darauf, ob der Begabte den Geber überlebte,[3] während dieser Umstand unumgängliche Bedingung für die Perfektion der mortis causa donatio bildete. Die Vergabung auf den Todesfall galt im Princip als unwiderruflich, nur im Falle echter Noth, oder wenn der Vergebende sich Verfügungen vorbehalten hatte, waren ihm Dispositionsbefugnisse gewährt.[4] Die mortis causa donatio war dagegen nur kraft besonderer Verabredung unwiderruflich.

III. Die Vergabungen auf den Todesfall erhielten sich ganz besonders in den sächsischen Landen.[5] Die bekannte Constitution von 1572 (const. 1. p. III) handelt von ihnen. Dieses Gesetz verlangte unter Wiederholung alter Rechtsgrundsätze und zwar unter ausdrücklicher Bezugnahme auf Sachsenspiegel II, 30 zur Rechtsbeständigkeit der Vergabung auf den Todesfall die gerichtliche Errichtung, und bestimmte weiterhin, daß der Abzug der quarta Falcidia bei Vergabungen auf den Todesfall nicht Statt haben solle.[6] Die sächsischen Juristen verstanden diese Constitution mit Rücksicht auf die von dem Gesetzgeber in der romanisirenden Auffassung der Zeit[7] gebrauchten Worte: „Uebergaben . . . . . . welches die Rechte donationes omnium bonorum mortis causa nennen" von den Schenkungen auf den Todesfall. In dieser Vergleichung und Verwechselung der beiden grundverschiedenen Institute, bei welcher die Constitutionen und die sächsischen Juristen übrigens auf dem Boden der zeitgenössischen Doktrin und Praxis[8] standen, ging man soweit, daß man die Schenkungen auf den Todesfall des römischen Rechtes mit den Vergabungen auf den Todesfall des deutschen Rechtes

---

[1] Vgl. Beseler a. a. O. 1, 155; Siegel a. a. O. § 33 ff.; Stobbe a. a. O. 5, 182. 190; vgl. Lörsch und Schröder, Urkunden. Nr. 262.

[2] Das war wenigstens das Gewöhnliche. Vgl. jedoch Weiske, a. a. O. 1, 35 ff.; Siegel a. a. O. S. 103. § 36.

[3] Vgl. Beseler a. a. O. 1, 150. 196.

[4] Vgl. Schwabenspiegel 22. Stobbe, a. a. O. 5, 183.

[5] Vgl. u. A. die sächsische Decision 43 von 1661 bei Weiske, Quellen des sächsischen Rechts. Leipzig 1846. S. 210.

[6] Zur Geschichte dieser Bestimmung vgl. Berlich, Conclusiones practicabiles. Colon. Agripp. 1739. p. III. concl. 1. no. 38 ff.

[7] Vgl. Schletter, Die Constitutionen Kurfürst Augusts von Sachsen vom Jahre 1572. Leipzig 1857. S. 20 ff. 277 ff.

[8] Vgl. die interessante Entwickelungsgeschichte bei Beseler, a. a. O. 2, 1. S. 161 ff.

identificirte[1] — eine Auffassung, die sich nur aus der geringen Kenntniß, welche die römisch-rechtlich gebildeten Juristen von dem heimischen Rechte besaßen, erklären läßt. Folgerecht wandte man die nur für die Vergabungen erlassenen Vorschriften der Constitution auch auf die donationes an und gewann so den Satz, daß die Schenkungen aller Güter auf den Todesfall der gerichtlichen Form bedürften und dem Abzuge der quarta Falcidia nicht unterlägen.[2]

Das gleiche Schicksal traf const. 2. p. III. In dieser Constitution wurde bestimmt, daß, wenn der Geber sich etwas bei der Vergabung zur letzten Willensordnung vorbehalten und schließlich nicht darüber verfügt habe, dieses Reservat nicht dem Begabten zuwachsen, sondern an die „Blutsfreunde und nächsten Erben des donatoris" fallen solle.[3]

Will man von diesen aus der Verwechselung mit den Vergabungen des deutschen Rechtes resultirenden Abweichungen und ferner von der längere Zeit herrschenden, aus dem Wortlaute der const. 1. p. III von den sächsischen Juristen, insbesondere Carpzow entnommenen und unten näher darzustellenden Ansicht, daß die donatio mortis causa omnium bonorum Universalsuccession begründe, absehen — so wurde die Schenkung auf den Todesfall von der sächsischen Doktrin durchweg nach den Grundsätzen des römischen Rechtes konstruirt.[4]

IV. Wir hatten bereits hervorgehoben, daß im späteren deutschen Rechte für Vergabungen auf den Todesfall von fahrender Habe die sofortige Begründung eines dinglichen Rechtes durch Uebergabe des Gegenstandes nicht mehr erfordert wurde, sondern der bloße Vertrag genügte. Dieses Recht wurde allmählich auch auf das liegende Gut ausgedehnt und

---

[1] Vgl. Berlich, a. a. O. p. III. concl. 1., concl. 2.; Carpzow, Jurisprudentia forensis. Francof. 1650. p. III. const. 1. def. 23—26; Gottschalk, Select. discept. forens. 2. Aufl. Dresden 1828. II. c. 27; Haubold, Lehrbuch des königlich sächsischen Privatrechts. 3. Aufl. Leipzig 1847. § 345.

[2] Vgl. Jus saxonicum discrepans, hoc est differentiae iuris saxon. electoral. et communis aliorumque iurium particularium. Francof. et Goth. 1682. diff. 1. 2. 3. zu p. III const. 1.

[3] Vgl. auch Mandat vom 31. Januar 1829. § 3. Gesetzsammlung von 1829. S. 38.

[4] Vereinzelt wurde die entgegengesetzte Ansicht und zwar namentlich in Doktordissertationen vertreten. So vgl. Carrach, Diss. de differentiis iuris Romani et germanici in mortis causa donatione. Halae 1739; Krause, De donatione mortis causa. Wittenbergae 1764. § 5, 6, 7. — Hiergegen vgl. Pufendorf, Observationes iuris universi. Hannov. 1770. IV. obs. 260; vgl. auch Haubold, Opusc. academ. 1, 494 ff.; v. Langenn und Kori, Erörterungen praktischer Rechtsfragen. 2. Aufl. Dresden, Leipzig 1836. 2. Thl. Nr. 25; Schwarze, in Z. f. R. N. F. 1, 139; W. f. m. R. 1848. S. 490 ff.

zwar zunächst nur bei Ehestiftungen.[1] Der singuläre Erbvertrag, der sich aus diesen Ehestiftungen entwickelte, blieb in der That bis in die Mitte des achtzehnten Jahrhunderts in den deutschen Partikularrechten auf das Gebiet des ehelichen Güterrechts beschränkt.

Die Consultationen zu den Constitutionen[2] erkennen die Gültigkeit von partikulären Ehestiftungen, die sie „pacta futurae successionis super quibusdam rebus particularibus" nennen und als die gewöhnlichere[3] Art solcher Verträge bezeichnen, ausdrücklich an.

Dasselbe geschah auch in der const. 43. p. II. Diese Constitution enthielt noch den weiteren Satz, daß Ehestiftungen, welche sich auf die „Erbschaft" erstrecken, nicht in vim contractus, sondern nur in vim ultimae voluntatis aufrecht erhalten werden könnten, wobei aber Beobachtung der Codicillarform genügen solle.

Auf diesem Standpunkte steht auch Doktrin und Praxis.[4] Wie die Doktrin die Uebergaben auf den Todesfall den donationes mortis causa gleichstellte, so geschah dies auch naturgemäß mit den dem Institute der Vergabungen auf den Todesfall nahe verwandten Ehestiftungen, die man außerdem geradezu als Uebergaben auf den Todesfall bezeichnete,[5] und deren Unterschied von den Vergabungen auf den Todesfall wohl ebensowenig wie das wahre Wesen der letzteren erkannt wurde. Hierzu trat noch der Umstand, daß die Doktrin die donationes mortis causa als geeignet zur Begründung von Universalsuccession ansah.[6] Daher heißt es bei Berlich:[7]

„Hodie tamen ubique moribus et notissima Germaniae consuetudine invaluit, ut eiusmodi pacta dotalia de universali successione in vim donationis mortis causa vel alterius ultimae voluntatis validitatem habeant."

Die universellen Ehestiftungen — also Erbeinsetzungsverträge — bilden nach Carpzow[8] eine Abart der donationes mortis causa omnium bonorum.

---

[1] Vgl. Stobbe, a. a. O. 5, 277 ff., 280.

[2] Consultationum Saxonicarum libri V. ed. Mindanus. 2. Aufl. Francof. 1616. I. qu. 124. S. 263. Zu dieser Ausgabe vgl. Schletter, a. a. O. S. 171 ff.

[3] Vgl. auch Bluntschli, Deutsches Privatrecht. 3. Aufl. München 1864. § 242. S. 718.

[4] Vgl. Berlich, a. a. O. p. II. concl. 51; Carpzow, a. a. O. p. III. const. 1. def. 10. 11. p. II. const. 43. def. 2; Richter, Decisiones iuris variae. Francof., Lips. 1689. dec. 26. no. 33.

[5] Vgl. namentlich Carpzow, a. a. O. p. III. const. 1. def. 5. 7. 8. 9. 11. 28. p. III. const. 2. def. 8. 11. u. a. m.

[6] S. unten.

[7] A. a. O. p. II. concl. 51. no. 5; vgl. auch p. III. concl. 1. no. 50 ff.

[8] A. a. O. p. III. concl. 2. def. 8; p. III. concl. 1. def. 11.

Ehestiftungen, welche Erbeinsetzungsverträge enthielten, galten daher nur dann als gültig, wenn sie, wie die donationes mortis causa omnium bonorum, gerichtlich oder, was als eine auf positiver Vorschrift der const. 43. p. II beruhende „specialitas“[1] dieser Art von Schenkungen auf den Todesfall angesehen wurde, in Codicillarform errichtet waren. Abgesehen hiervon galten nach wie vor[2] Erbeinsetzungsverträge als solche für nicht erlaubt.[3]

Die 13. Dezision vom Jahre 1746 bildet in der Geschichte der Erbverträge insofern einen wichtigen Wendepunkt, als sie Verträge über den Nachlaß allgemein und nicht nur unter Ehegatten gestattete.

Dieses Gesetz handelt aber nicht von dem Erbeinsetzungsvertrage, wie Weiske[4] entgegen der gewöhnlichen Meinung[5] mit Recht nachgewiesen hat, und da weiterhin die Constitution vom Jahre 1572 an einen Erbeinsetzungsvertrag mit Rücksicht auf den damaligen Stand der Lehre vom Erbvertrage nicht gedacht haben kann,[6] so existirte also ein eigenes sächsisches Gesetz über den Erbvertrag nicht.

Die Doktrin hatte sich aber durch die vom Gesetzgeber gebotenen Schranken nicht binden lassen, sondern hatte den Erbeinsetzungsvertrag nach und nach als solchen für gültig anerkannt.[7] Damit ergab sich naturgemäß, daß die Gleichstellung des Erbeinsetzungsvertrages mit den mortis causa donationes omnium bonorum aufgegeben, und beide Rechtsinstitute gesondert wurden. Dieses hatte dann weiterhin für die Schenkungen auf den Todesfall die Folge, daß letztere wieder rein nach römischen Rechtsprinzipien behandelt werden konnten und deswegen nicht mehr für geeignet zur Begründung von Universalsuccession angesehen wurden.

Die sächsische Doktrin, welche den Erbeinsetzungsvertrag früher überhaupt nicht für gültig betrachtet hatte, verfiel nunmehr aber in ein anderes

---

[1] Vgl. Carpzow, a. a. O. p. III. concl. 2. def. 8.

[2] Vgl. Hartmann Pistor, Quaestionum iuris libri IV. Lips. et Francof. 3. Aufl. 1679. IV. qu. 2. no. 19. i. f., qu. 3.

[3] Berlich, a. a. O. p. II. concl. 51. no. 2; Carpzow, a. a. O. p. II. const. 43, def. 5, 6; Wernher, Observationes forenses. Ed. nov. Jen. et Lips. 1756. p. I, obs. 282.

[4] Untersuchungen. S. 104 ff.

[5] Bauer, Die churfürstlich-sächsischen decisiones vom Jahre 1746. Leipzig 1794. 1, 148 ff. § 5. Nr. 1. § 13; Schott, Institutiones iuris saxon. elector. privati. 3. Aufl. von Haubold. Lips. 1795. S. 337. § 3; Beseler, a. a. O. 1, 180.

[6] Vgl. Beseler, a. a. O. 2, 1. S. 180; Weiske, Untersuchungen. S. 68 ff.; vgl. auch Consultationen. I. qu. 124. S. 263; Carpzow, a. a. O. p. II. const. 43. def. 1. 6.

[7] Vgl. Beseler, a. a. O. 2, 1. S 152 ff.; Weiske, Untersuchungen. S. 109 ff.

Extrem; sie wandte die bestehenden gesetzlichen Bestimmungen ausschließlich auf den Erbeinsetzungsvertrag an und ging in der Anerkennung des letzteren so weit, daß sie dem partikulären Erbvertrage jedwede Geltung vollkommen absprach.[1]

Hiermit trat die Doktrin aber in einen offenen Gegensatz zu den Erscheinungen des täglichen Lebens, denn Verträge auf den Todesfall über einzelne Gegenstände wurden häufig abgeschlossen. Auch für letztere mußte eine juristische Formulirung gefunden werden, und so stellte man sie denn unter das ihnen am nächsten verwandte Institut des römischen Rechtes, unter die donationes mortis causa. „Verträge auf den Todesfall über res singulares sind, wenn sie unvergeltlich sind, nur für donationes mortis causa zu halten," so erklärte einer der Hauptvertreter dieser Theorie.[2] Hierdurch wurde die im sechszehnten und siebzehnten Jahrhundert in Gesetzgebung, Doktrin und Praxis vorhandene Unklarheit über das Verhältniß der mortis causa donationes zu den Erbverträgen in gedachter Beschränkung bis in unsere Tage fortgesetzt.

V. Auf Grund der so eben vorgetragenen irrigen Anschauungen mußte sich die sächsische Doktrin und Praxis einer Ausdehnung der Grundsätze des Erbvertrages auf die mortis causa donationes, wie sie Schirach,[3] Eichhorn[4] und Savigny[5] versuchten, gegenüber ablehnend verhalten.

Der Erbvertrag, so wurde gelehrt, begründet Universalsuccession, die donatio mortis causa dagegen nach den allein anwendbaren Grundsätzen des römischen Rechtes nur Singularsuccession. Hierzu kam noch, daß die ältere gemeinrechtliche, wie sächsische Doktrin[6] die Widerruflichkeit als ein wesentliches Erforderniß der donatio mortis causa betrachtete.[7]

[1] Vgl. Kind, Quaestiones forenses. 2. Aufl. Lips. 1807. I. c. 54. S. 389. Gottschalk, a. a. O. I. c. 12. S. 133., II. c. 27. S. 325. Derselbe, in Z. f. R. N. F. 1, 297 ff.; Haubold, Lehrbuch. § 332; Kori und v. Langenn, a. a. O. 2, 261. Anm. 8. u. A. m. — Geleugnet wird der singuläre Erbvertrag — vom sächsischen Partikularrecht abgesehen — von Beseler, a. a. O. 2, 1. S. 22—24. 213—228. 2, 2. S. 108—122; Gerber, Deutsches Privatrecht. 14. Aufl. Jena 1882. § 257. Anm. 5. Vgl. aber Eichhorn, Einleitung in das deutsche Privatrecht. 5. Aufl. Göttingen 1845. § 340. 344; Mittermaier, Grundsätze des gemeinen deutschen Privatrechts. 7. Aufl. Regensburg 1847. S. 506. 511; Albrecht, Recension über Beseler, Erbvertrag u. s. w. in Richter und Schneider, Kritische Jahrbücher für deutsche Rechtswissenschaft. 6. Jahrgang. Leipzig 1842. 11, 325; Hartmann, Die Lehre von den Erbverträgen. Braunschweig 1860. § 10.

[2] Vgl. Kori und v. Langenn, a. a. O. 2, 260. Vgl. auch Stobbe, a. a. O. 5, 300.

[3] A. a. O. § 8 ff. [4] A. a. O. § 344. I. [5] A. a. O. 4. § 159.

[6] Vgl. unten.

[7] Ueber den Standpunkt der sächsischen Doktrin in dieser ganzen Frage, vgl.

Wenn sich gegen diese Ansicht Stimmen erhoben, so geschah dies nicht mit überall zutreffenden Gründen, und zwar namentlich deshalb, weil man die Unterschiede des singulären Erbvertrages und der römischen Schenkung auf den Todesfall noch nicht klar erkannte; so wurde unter Anderem in unrichtiger Weise ein Unterschied beider Institute darin gefunden, daß die mortis causa donationes — im Gegensatz zu den Erbverträgen — der Acceptation nicht bedürften.[1]

Auch die Formlosigkeit des Erbvertrages war nicht geeignet, die sächsischen Juristen, die doch auf Grund von const. 1. p. III. für die Schenkung aller Güter auf den Todesfall gerichtliche Errichtung verlangten, für die neue Ansicht zu gewinnen.[2]

Hierbei darf allerdings Folgendes nicht verschwiegen werden. Bezüglich der donationes mortis causa omnium bonorum machte sich vereinzelt die Ansicht geltend, daß eine Anwendung der Erbvertragsgrundsätze am Platze wäre.[3] Das römische Recht widerstritt zwar einer Gleichstellung der mortis causa donatio mit dem Erbeinsetzungsvertrage ausdrücklich, denn eine Schenkung auf den Todesfall kann niemals Universalsuccession begründen, aber die sächsische Doktrin war im sechszehnten und siebzehnten Jahrhundert in letzterer Beziehung anderer Ansicht. Aus dem Wortlaute der const. 1. p. III zog man den falschen Schluß, daß „Illustrissimus Saxoniae elector donationes omnium bonorum mortis causa per omnia testa-

---

Schwarze, Unterschied zwischen der Schenkung auf den Todesfall und dem Erbvertrag in Z. f. R. N. F. 1, 137 ff.

[1] So argumentirt u. A. Braun, Ueber singuläre Erbverträge in Z. f. R. 1. (1838.) Nr. 24. Jedoch ist seiner Polemik gegen die zu seiner Zeit landläufige, im Texte vorgetragene Ansicht im Resultate beizupflichten. — Daß Schenkungen auf den Todesfall nicht der Annahme bedürften, wird unrichtiger Weise behauptet von Richter, Diss. de acceptatione in donationibus mortis causa non necessaria. Lips. 1744; Quistorp, Rechtliche Bemerkungen. Leipzig 1793. c. 93. S. 335 ff.; Püttmann, Progr. de mortis causa donatione absente licet et ignorante donatario facta iure valida, in Miscellaneorum liber singularis. Lips. 1793. c. 16. S. 78 ff.; Klüber, Kleine juristische Bibliothek. Erlangen 1789. 4, 17 ff.; Hagemann, in Bülow und Hagemann, Praktische Erörterungen. Hannover 1815. 3. Nr. 39; Kind, a. a. O. 2, 58. S. 241; W. Müller, a. a. O. § 16. Vgl. auch Hartitzsch, Entscheidungen praktischer Rechtsfragen mit Rücksicht auf Erkenntnisse von Oberbehörden. Leipzig 1840. Nr. 362 u. A. m.

Die Unterschiede des singulären Erbvertrages von der mortis causa donatio sind richtig hervorgehoben bei Roth, Bayrisches Civilrecht. Tübingen 1875. 3. § 307. Anm. 9; Windscheid, a. a. O. § 675; nur zum Theil richtig dagegen bei Ruhwandl, Zur Lehre von der mortis causa donatio und dem pactum successorium, in der Zeitschrift des Anwaltsvereins für Bayern, 3, 113 ff., 161 ff., 305 ff.

[2] Vgl. Kori und v. Langenn, a. a. O. 2, 263.

[3] W. f. m. R. 1848. S. 490 ff. Vgl. auch Schwarze, in Z. f. R. N. F. 1, 137 ff.

mentis iudicialiter factis exaequaverit",[1] wandte infolgedessen auf die Schenkungen von Todeswegen die Grundsätze über die verschiedenen Formen gerichtlicher Testamente an,[2] und stellte den donatarius mortis causa omnium bonorum dem Erben gleich.[3] Diese Ansicht blieb, trotzdem sie dem klaren Wortlaute der Constitution: „Wir wollen aber damit und darunter [nämlich Uebergaben auf den Todesfall, welche ja mit den donationes mortis causa verwechselt wurden] die Verordnung der Testamente nicht gemeint haben" widerstritt, lange Zeit herrschend.[4]

Eine Erinnerung an dieselbe war es daher, wenn einige Juristen die donationes mortis causa dem Erbeinsetzungsvertrage gleich behandeln wollten.

Aber diese Anschauung blieb vereinzelt, und noch seltener finden sich Erkenntnisse unterer Instanzen, welche den Schirach'schen Reformgedanken allgemein adoptirten.[5] In das praktische Leben ging diese Ansicht nicht über, da die oberen Gerichte an den überlieferten Grundsätzen festhielten und die widersprechenden Erkenntnisse demgemäß abänderten.[6]

VI. In mehrfacher Hinsicht hatte im älteren sächsischen Recht eine größere Annäherung der mortis causa donationes an die Vermächtnisse Statt gefunden.

Was zunächst die Formvorschriften anlangt, so wurde die l. ult. C. 8, 57 regelmäßig in dem Sinne interpretirt, daß sie für alle Schenkungen auf den Todesfall die Errichtung vor fünf Zeugen verlange. Von diesem Satze wurde nur mit Rücksicht auf Const. 1. p. III bei Schenkungen aller Güter auf den Todesfall eine Ausnahme gemacht.[7]

Weiterhin war der Unterschied, welcher zwischen Legatar und Donatar

---

[1] Carpzow, a. a. O. p. III. const. 1. def. 5. no. 3.

[2] Carpzow, a. a. O. p. III. const. 1. def. 25. 38.

[3] Berlich, a. a. O. p. III. concl. 2.

[4] Richter, Decis. 28. Vgl. auch Schilter, Praxis iuris Romani in foro Saxonico. 4. Aufl. Francof. 1733. Exercit. 7. § 38. Anm. a.

[5] und [6] Annal. 4 (1862) S. 284. W. f. m. R. 1863. S. 313 ff.

[7] Vgl. Berlich, a. a. O. p. III. concl. 2. no. 25; Carpzow, a. a. O. p. III. const. 1. def. 29. 32; Bauer, Opusc. academ. 1, 283; Kind, a. a. O. 2, 242; Haubold, Opuscul. academ. Lips. 1824. 1, 457. 459; Curtius, Handbuch des im Königreiche Sachsen geltenden Civilrechts. 3. (2. Aufl. Leipzig 1825) § 1346; Kori und v. Langenn, a. a. O. 2, 262. Anm. 11.

Im gemeinen Recht sind zu l. ult. C. h. t. gleicher Ansicht: W. Müller, a. a. O. § 27; Wiederhold, a. a. O. Vgl. dagegen mit Recht Schröter, a. a. O. S. 133 ff.; Savigny, a. a. O. 4, 172. 263; Vangerow, a. a. O. 2, 567. Anm.; vereinzelt übereinstimmend mit letzteren im sächsischen Recht: Annal. 4, 281. 285. — Ob nach gemeinem Rechte Codicillarform oder bloß Errichtung vor fünf Zeugen zu erfordern sei, ist controvers. Die Frage ist aber wohl zu Gunsten der das Erstere behauptenden Ansicht zu entscheiden. Vgl. Windscheid, a. a. O. § 676. Anm. 3.

darin bestand, daß für letzteren die Erbunwürdigkeitsgrundsätze (l. 5 § 17 D. de his quae ut indignis 34, 9) nicht Platz griffen, beseitigt worden.[1] Endlich muß hervorgehoben werden, daß durch das Mandat vom 31. Januar 1829 auch das Recht der Legatare unabhängig von dem Antritte der Erbschaft gestellt worden war.[2]

Das bürgerliche Gesetzbuch, welches sich in der Lehre von den Schenkungen auf den Todesfall die Aufgabe gestellt hat „die zum Theil verwickelten, jedenfalls aber nicht in das Leben übergegangenen Bestimmungen des römischen Rechtes zu vereinfachen",[3] behandelt die Schenkung auf den Todesfall in den §§ 2500—2502, also im Erbrechte.[4]

---

§ 2.

Begriff und Arten der Schenkung auf den Todesfall.

I. Unter Schenkung auf den Todesfall versteht man die in die Form eines einseitigen Versprechens oder eines Vertrages gekleidete Schenkung, bei welcher der Schenkgeber den Eintritt der Wirkung der Schenkung von der Bedingung abhängig macht, daß er den Beschenkten nicht überlebe oder eine bestimmte Lebensgefahr nicht überstehe.

Diese Definition weicht von der im Allgemeinen üblichen einigermaßen ab. Nach Siebenhaar's Commentar[5] ist eine Schenkung auf den Todesfall auch dann „vorhanden, wenn der Schenker die Schenkung als auf den Todesfall gerichtet ausdrücklich bezeichnet."[6] Dies ist nicht richtig; die Bezeichnung der Schenkung auf den Todesfall als solche gewährt nur ein Interpretationsmoment für den Willen des Schenkers, aber kein Begriffsmerkmal. Ist z. B. die Schenkung durch Uebergabe des Geschenkten vollzogen, so liegt, wie unten nachzuweisen, trotz entgegenstehender Bezeichnung keine Schenkung auf den Todesfall, sondern eine solche unter Lebenden vor; ist der Tod des Schenkers lediglich zur Bestimmung der Erfüllungszeit der Schenkung

---

[1] Das ist geschehen durch das Mandat vom 31. Januar 1829, die Grundsätze der gesetzlichen Allodialerbfolge betreffend. § 104. 105. 110. (Gesetzsammlung von 1829. S. 55. 56.) Vgl. auch v. Hartitzsch, a. a. O. Nr. 333.

[2] § 5. Gesetzsammlung von 1829. S. 38.

[3] Specielle Motive zu § 2534—2536 (welche Paragraphen vor der Schlußredaktion den § 2500—2502 entsprachen).

[4] Allgemeine Motive zum bürgerlichen Gesetzbuche. S. 449.

[5] Siebenhaar, Commentar zum Bürgerlichen Gesetzbuch. 2. Aufl. Leipzig 1869. 3, 410 ff.

[6] Annal. 2. F. 2, 204

beigefügt worden, so ist, wenn auch der Ausdruck Schenkung auf den Todesfall gebraucht wurde, eine Schenkung unter Lebenden vorhanden.[1]

Die Schenkung auf den Todesfall ist im bürgerlichen Gesetzbuche wie im römischen Rechte ein Rechtsgeschäft von Todeswegen: sie verfolgt den Zweck, etwas für die Zeit nach dem Tode des Schenkers zu vergeben.[2] Wollte man auch das Charakteristische eines Rechtsgeschäftes von Todeswegen darin erblicken, daß es eine Vergebung aus der Erbschaft und nicht aus dem gegenwärtigen Vermögen enthalte,[3] so wäre doch die Schenkung auf den Todesfall nach dem bürgerlichen Gesetzbuche ein Rechtsgeschäft von Todeswegen, denn die Schenkung auf den Todesfall wird in ihren Wirkungen vollkommen wie eine letztwillige Verfügung oder ein Erbvertrag behandelt.[4] Aus diesem Grunde schlagen daher auch die von den Vertretern[5] der entgegengesetzten Ansicht angeführten Gründe, die sich regelmäßig als Rückschlüsse von den Wirkungen der Schenkung auf den Todesfall auf das Wesen derselben darstellen, für das bürgerliche Gesetzbuch nicht durch.[6]

Die Schenkung auf den Todesfall unterscheidet sich daher von dem Legate nicht mehr, wie im römischen Rechte, dadurch, daß sie eine sofortige Vermögensvermehrung und nicht erst eine Gabe aus der Erbschaft zum Ziele hat.[7] Ist nämlich ein einzelner Gegenstand auf den Todesfall einseitig versprochen worden, so treten nach § 2500 die Wirkungen des Vermächtnisses ein und das Geschenkte muß, wie jedes Vermächtniß, erst von dem Erben gefordert werden; eine sofortige Uebertragung des geschenkten Gegenstandes stempelt die Schenkung zu einer solchen unter Lebenden.[8] Nicht mehr liegt, wie im römischen Rechte, ein die Schenkung auf den Todes-

---

[1] Vgl. A. 1875. S. 600 ff.; W. f. m. R. 1863. S. 313; 1873. S. 257 ff. — Im älteren Rechte war ähnlicher Ansicht wie Siebenhaar: Entscheidung des Spruchkollegiums zu Leipzig vom Jahre 1769, abgedruckt bei Hommel, Rhapsodia quaestionum. Baireuth. 1769. 4, 513. S. 834. W. f. m. R. 1848. S. 490 ff. (Vgl. auch die Nachweise bei Curtius, a. a. O. § 1344. Anm. bb.) Die entgegengesetzte Ansicht vertreten: Carpzow, a. a. O. p. II. const. 12. def. 24; Leyser, Meditationes ad Pandectas. 3. Aufl. Lips. 1744. Vol. 6. op. 438; v. Hartitzsch, a. a. O. Nr. 360.

[2] Vgl. Zimmern, in der Kritischen Zeitschrift für Rechtswissenschaft. 3, 282 ff.; Windscheid, a. a. O. § 69.

[3] Hierauf fußend bezeichnen Curtius, a. a. O. § 1344. Anm. b. b.; Schröter, a. a. O. 2, 104 ff.; Savigny, a. a. O. 4. § 144; Unger, Oesterr. Erbrecht. Leipzig 1864. § 77. Nr. 13, die Schenkung auf den Todesfall als ein Geschäft unter Lebenden.

[4] § 2500. 2501. [5] Vgl. Schröter, a. a. O. 2, 104 ff.

[6] Auch die von Schröter, a. a. O. S. 145 aufgeführten Gründe sind für das heutige sächsische Recht nicht stichhaltig. Vgl. auch Schirach, a. a. O. § 4 ff.

[7] Vgl. Erxleben, Die condictiones sine causa. 2. Abth. Göttingen 1853. 2, 161; Unger, a. a. O. § 77. Note 11.

[8] Vgl. unten.

fall von dem Vermächtnisse unterscheidendes Moment darin, daß die Schenkung auf den Todesfall an Vertragsform gebunden ist, denn auch ein einseitiges, für den Todesfall abgegebenes Schenkungsversprechen ist gültig. Wenn für das römische Recht behauptet wird, daß die Schenkung auf den Todesfall nothwendigerweise ein Vertrag sei, weil jede Schenkung einen Vertrag enthalte, und weil die Beschränkung auf den Fall des Ueberlebens des Beschenkten nur auf dem Vertragswege zum Ausdruck gebracht werden könne,[1] so sind diese Argumente für das sächsische Recht nicht stichhaltig. Nach letzterem sind auch die Schenkungen unter Lebenden nicht allenthalben an Vertragsform gebunden,[2] und die gedachte Beschränkung folgt nicht aus einer in bindender Absicht ausgesprochenen Willenserklärung der Contrahenten, sondern aus der gesetzlichen Gleichstellung der Schenkung auf den Todesfall mit den letztwilligen Verfügungen beziehentlich den Erbverträgen hinsichtlich der Wirkungen.

Weiter besteht ein Unterschied der Schenkung auf den Todesfall von derjenigen unter Lebenden nicht mehr, wie nach römischem Rechte früher vielfach in irriger Weise angenommen wurde, darin, daß die Schenkung auf den Todesfall frei widerrufen werden kann,[3] denn der Widerruf ist im Falle des § 2501 ausgeschlossen. Es existirt demnach, wenn man mit einigen Civilisten[4] in dem singulären Erbvertrage nur eine durch Vertrag unwiderrufliche letztwillige Verfügung erblicken wollte, zwischen diesem und der Schenkung auf den Todesfall nach dem B.G.B. ein prinzipieller Unterschied, wie ihn unter Anderen Unger[5] für das gemeine Recht statuiren will, nicht.[6]

Dagegen unterscheidet sich die Schenkung auf den Todesfall, wie im römischen Rechte, von der donatio inter vivos dadurch, daß sie hinsichtlich ihres Bestandes von dem Nichtüberleben des Schenkers oder von dem Nichtüberstehen der Lebensgefahr abhängig ist, so daß also das Geschenkte auf die Erben des Beschenkten nicht übergeht, wenn der Schenker den Beschenkten überlebt oder der Gefahr entrinnt.[7] Es liegt daher wie im römischen Rechte keine Schenkung auf den Todesfall vor, wenn des Todes nur zu dem Zwecke Erwähnung gethan ist, um die Erfüllungszeit der Schen-

[1] Vgl. Windscheid, a. a. O. § 676. Anm. 14. [2] §. 1054. Abs. 2.

[3] Vgl. unten.

[4] Vgl. Hasse, a. a. O. 3, 17 ff., 378; Hartmann, a. a. O. S. 73 ff.; Unger, a. a. O. § 77. Nr. 13.

[5] A. a. O.: Die donatio mortis causa ist eine Verfügung unter Lebenden.

[6] Vgl. § 2501.

[7] Vgl. § 1 J. 2, 7; l. 1. pr., l. 35 § 2 D. h. t.; Seuffert, Archiv. N. F. 5, 225; A. 1875. S. 600 ff.

kung bis zum Tode des Schenkers hinauszuschieben.[1] Dies hat seinen Grund in der mehrfach beregten Bestimmung, daß die Schenkung auf den Todesfall in ihren Wirkungen den letztwilligen Verfügungen beziehungsweise dem Erbvertrage gleichgestellt ist.[2]

Aus letzterem Grunde ist auch ein Unterschied der Schenkung auf den Todesfall von dem partikulären Erbvertrage nicht mehr darin zu erblicken, daß bei ersterer die Widerruflichkeit die Regel bildet und daß sie aus dem gegenwärtigen Vermögen gegeben wird.[3]

Der wichtigste Punkt aber, in welchem das bürgerliche Gesetzbuch bezüglich der Schenkung auf den Todesfall von dem früheren Rechte abweicht, besteht darin, daß die Schenkung auf den Todesfall für geeignet zur Begründung von Universalsuccession hingestellt worden ist.[4]

II. Die Schenkung auf den Todesfall ist nach den §§ 2500 und 2501 in Anordnung, Form und Wirkungen den letztwilligen Verfügungen beziehungsweise dem Erbvertrage gleichgestellt worden. Die Schenkung auf den Todesfall bildet also nach dem bürgerlichen Gesetzbuche nicht mehr ein in der Mitte zwischen den Rechtsgeschäften unter Lebenden und den von Todeswegen stehendes besonderes Rechtsgeschäft, sondern eine allgemeine Rechtsform,[5] welche verschiedene Arten von Verfügungen auf den Todesfall in sich schließen kann.[6]

---

[1] Früher drückte man diesen Satz bisweilen so aus: „Quoties mentio mortis facta est in verbis donationis dispositivis, toties est donatio mortis causa, quoties autem ..... in verbis executivis, toties est donatio inter vivos.“ Vgl. Berger, Oeconomia iuris. 7. Aufl. Lips. 1771. XXVII. S. 203; Wernher, a. a. O. p. I. obs. 35; vgl. auch Cohen, a. a. O. S. 14 ff.

[2] § 2500. 2501. 2008. Abs. 1.

[3] Vgl. Roth, a. a. O. 3. § 307. Anm. 9; Windscheid, a. a. O. § 675.

[4] Vgl. W. Müller, a. a. O. § 43; Hasse, a. a. O. 2, 363 ff. 3, 13 ff.; Schröter, a. a. O. S. 123. Nr. 10. u. A. mehr. Zu l. 42 pr. D. h. t. vgl. Keller in der Zeitschrift für geschichtliche Rechtswissenschaft. 12. Nr. 12; Seuffert, Archiv. 27, 239.

[5] S. Savigny, a. a. O. 3, 312. Z. 7.

[6] Das bayerische Landrecht (3, 8. § 3) behandelt die Schenkung auf den Todesfall als ein mit einigen Besonderheiten ausgestattetes Legat (anders der Entwurf eines bürgerlichen Gesetzbuchs für Bayern von 1861. Art. 122 ff., Motive S. 47). Das allgemeine preußische Landrecht betrachtet die Schenkung auf den Todesfall, wenn nicht der Widerruf ausdrücklich vorbehalten ist (1, 11. § 1135), als Schenkung unter Lebenden. Vgl. Förster, Theorie und Praxis des heutigen gemeinen preußischen Privatrechts. 3. Aufl. Berlin 1873. 2, 40. Der Code civil kennt die Schenkung auf den Todesfall als solche überhaupt nicht (Art. 893: On ne pourra disposer de ses biens, à titre gratuit, que par donation entre-vifs ou par testament, dans les formes ci-après établies. Uebrigens stellt der Code jede letztwillige Verfügung unter den Begriff „donation“, vgl. Art. 711. 893. 931 ff. 967 ff.). Das österreichische bürgerliche Gesetzbuch behandelt die widerrufliche Schenkung auf den Todesfall als Vermächtniß,

Zur Sicherstellung dieses wichtigen Ergebnisses ist es nothwendig, auf etwaige Einwendungen näher einzugehen.

Die gewählte Bezeichnung „Schenkung auf den Todesfall" giebt leicht zu einer abweichenden Meinung den äußeren Anlaß. Man wird dadurch zu dem Schlusse gedrängt, daß auch das bürgerliche Gesetzbuch die Schenkung auf den Todesfall als eine Unterart des Rechtsgeschäftes der Schenkung ansieht.[1] Dies wird scheinbar durch die Motive bestätigt, in denen es heißt: „Zu diesen Gründen, welche die Fassung des Begriffs der Schenkung zum Zwecke ihrer Einreihung in das System erschweren, tritt noch der, daß die Schenkung nicht bloß als ein Geschäft unter Lebenden vorkommt, sondern auch unter den Geschäften auf den Todesfall, als sogenannte donatio mortis causa ihre Wirksamkeit zeigt."[2] Wenn ferner der Siebenhaar'sche Commentar sagt: „Außerdem (d. h. außer Schenkungen unter Lebenden und auf den Todesfall) haben spezielle Bestimmung gefunden: Schenkung bei Darlehn, Schenkung einer Leibrente, Schenkungen unter Ehegatten u. s. w." so heißt dies nichts Anderes, als daß zunächst die generellen Regeln der Schenkung in der zweiten Abtheilung des dritten Theiles zur Geltung kommen, und daß nur, wenn einzelne Unterarten der Schenkung specielle Normirung erfahren haben, die generellen Vorschriften durch die widerstreitenden speciellen nach allgemeinen Rechtsgrundsätzen außer Kraft gesetzt werden So gelten z. B. auch für die Schenkungen unter Ehegatten die allgemeinen Vorschriften in § 1049 ff. Wäre dieser Grundgedanke richtig, so ergäben sich folgende Consequenzen: Auch für die Schenkung auf den Todesfall kommen zunächst und principiell, soweit nicht abweichende Specialvorschriften bestehen, die allgemeinen für die Schenkung geltenden Bestimmungen zur Anwendung. Es entsteht daher die Frage: Ist die Schenkung auf den Todesfall in den §§ 2500 — 2502 erschöpfend geregelt? Eine oberflächliche Betrachtung dieser Paragraphen kann zu einer verneinenden Antwort führen. Mit „Anordnung, Form und Wirkungen" ist ein Rechtsinstitut noch nicht genügend normirt, es fehlen namentlich noch

---

die für unwiderruflich erklärte als Schenkung unter Lebenden (§ 603. 956. Unger, a. a. O. § 77. S. 323). Das privatrechtliche Gesetzbuch für den Kanton Zürich (1856) § 2127 erblickt in der Schenkung auf den Todesfall einen Vermächtnißvertrag.

[1] In dem ersten (Held'schen) Entwurfe wurde die Schenkung auf den Todesfall in den §§ 1054 ff., in der Lehre von den Schenkungsverträgen behandelt. Da aber in diesem Entwurfe alle Schenkungen als Verträge aufgefaßt wurden, die Schenkung auf den Todesfall aber nach § 1055 auch durch einseitiges Versprechen errichtet werden konnte, so war die systematische Stellung verfehlt.

[2] Allgemeine Motive im Entwurf eines bürgerlichen Gesetzbuchs für das Königreich Sachsen. Dresden 1860. S. 450.

Begriff und Voraussetzungen. Bezüglich letzterer müßten also die allgemeinen Vorschriften über die Schenkung auch für die Schenkung auf den Todesfall in Wirksamkeit treten. Wird es daher z. B. in § 1051 als keine Schenkung bezeichnet, wenn ein Vermögensgewinn ausgeschlagen wird, so wäre, wenn auf den Todesfall ein Vermögensgewinn zurückgewiesen würde, ebenfalls keine Schenkung auf den Todesfall vorhanden. Wäre diese Consequenz nicht richtig, so würde — könnte man weiter argumentiren — schließlich gar kein Unterschied mehr zwischen einer letztwilligen Verfügung und einem Erbvertrage einerseits, und der Schenkung auf den Todesfall andererseits bestehen, der Gesetzgeber hätte den Titel über die Schenkung auf den Todesfall füglich fortlassen können. Der animus donandi, der schließlich noch als einziges Unterscheidungsmoment übrig geblieben wäre, könnte doch als solches Moment gar nicht in Frage kommen, da er wohl stets an sich unbeweisbar ist und außerdem meistentheils bei letztwilligen Verfügungen vorkommen dürfte. Auch der Wortlaut des § 2502 könnte zur Unterstützung dieser Ansicht angezogen werden. Wenn es daselbst heißt, daß die Vorschriften in den §§ 1053, 1056—1058 bei Schenkungen auf den Todesfall keine Anwendung finden, trotzdem in § 2500 und 2501 ausdrücklich erklärt ist, daß die Schenkungen auf den Todesfall in Form, Anordnung und Wirkungen wie letztwillige Verfügungen beziehungsweise wie Erbverträge zu behandeln seien, so will dies nichts Anderes bedeuten, als daß der Gesetzgeber indirekt erklärt: Die Vorschriften in § 1049 flg. finden unter Aenderung des selbstverständlich zu Aendernden und mit Ausnahme der ausdrücklich erwähnten §§ 1053, 1056—1058 auf diese Unterart der Schenkung Anwendung. Der Gesetzgeber hätte diesen Satz zwar auch direkt aussprechen können, aber es scheint die gegebene Erklärung doch näher liegend zu sein, als, wenn der Siebenhaar'sche Commentar bemerkt: „Diese Bestimmung könnte nach den Vorschriften der §§ 2500. 2501 als selbstverständlich erscheinen; indessen hat man den gegenwärtigen Paragraphen aufgenommen, um die Meinung, es sei das Schenkungsversprechen unbeschadet seiner Natur als eines sonstigen Schenkungsversprechens nur vorzüglich in Beziehung auf die Form unter den Gesichtspunkt eines Erbvertrages oder einer letztwilligen Verfügung gebracht worden, noch ausdrücklich auszuschließen." Es leuchtet ein, daß der Gesetzgeber, wenn er die Absicht gehabt hätte, die allgemeinen Vorschriften über die Schenkungen vollständig auszuschließen, dieses doch etwa durch den Satz: „Die §§ 1049—1066 finden auf die Schenkung von Todeswegen keine Anwendung," hätte thun müssen, und nicht durch die Bestimmung „Vier Paragraphen aus den über die Schenkung handelnden Vorschriften finden bei Schenkungen auf den Todesfall keine Anwendung." Eine unbefangene Auslegung des letzteren Satzes scheint nur zu dem Ziele führen zu können, daß mit Ausnahme der genannten vier Paragraphen die übrigen allgemeinen Vorschriften über die Schenkung auch auf die Schenkung von Todeswegen analog auszudehnen sind. Die Interpretation Siebenhaar's widerspricht sich selbst. Der Gesetzgeber habe die Schenkung auf den Todesfall, meint Siebenhaar, nicht bloß bezüglich der Form den letztwilligen Verfügungen oder dem Erbvertrage gleichstellen wollen und daher diesen § 2502 noch besonders hinzugefügt. Die in § 2502 erwähnten gesetzlichen Bestimmungen handeln aber — mit Ausnahme von § 1053 — ausschließlich von der Form der Schenkung. Der Gesetzgeber hat also auch in § 2502 — den § 1053 ausgenommen — nichts Weiteres ausgesprochen, als was schon in den vorhergehenden Paragraphen enthalten war. Wenn schließlich auch der Gedanke des Gesetzgebers der von Siebenhaar behauptete gewesen wäre, so muß doch betont werden, daß der Wille des Gesetzgebers nur so zu beachten ist, wie er geschrieben steht und nicht, wie er hat geschrieben werden sollen.[1]

Alle diese Einwendungen gegen unsere oben ausgesprochene Definition, wie einleuchtend sie auf den ersten Blick auch erscheinen mögen, sind jedoch nicht stichhaltig.

Was zunächst die Bezeichnung „Schenkung auf den Todesfall" anlangt, so kann dieselbe nicht für die abweichende Meinung ins Gewicht fallen. Sie hat nur historische Bedeutung. Man wollte die Schenkung auf den Todesfall im bürgerlichen Gesetzbuche nicht ganz mit Stillschweigen übergehen und behielt daher den alten Namen für ein innerlich durchaus verschiedenes Rechtsinstitut bei. Damit werden auch die Consequenzen, welche aus dieser Benennung gezogen werden könnten, von selbst hinfällig.

Das fragliche Rechtsgeschäft ist ferner in den §§ 2500—2502 vollkommen geregelt. Das Wort „Anordnung" ist im allgemeinsten Sinne zu fassen und begreift auch die Voraussetzungen für die Gültigkeit der Anordnung; letztere brauchen demnach nicht, Mangels einschlagender specieller Bestimmungen, nach den allgemeinen Grundsätzen der Schenkung behandelt zu werden. Hätte man den §§ 2500 und 2501 eine ähnliche Fassung gegeben, wie sie z. B. der § 2535 des Entwurfes vom Jahre 1860 hatte, („Wird das Schenkungsversprechen von dem Beschenkten angenommen, so kommen die Vorschriften über den Erbvertrag zur Anwendung"), so hätte ein Zweifel überhaupt nicht entstehen können. Man wollte sich aber offenbar präciser fassen, ohne dadurch eine Abweichung zu statuiren. Aus der Anordnung und

[1] Vgl. Windscheid, a. a. O. 1, 58.

namentlich auch aus den Wirkungen, in denen die Schenkung auf den Todesfall den letztwilligen Verfügungen beziehungsweise dem Erbvertrage gleichgestellt ist, läßt sich der Begriff der Schenkung auf den Todesfall durch Rückschlüsse genügend feststellen.

Die weitere Argumentation, daß bei der von uns vertretenen Ansicht kein Unterschied zwischen einer letztwilligen Verfügung beziehungsweise einem Erbvertrage und einer Schenkung auf den Todesfall bestehen würde, ist thatsächlich ganz richtig, aber damit ist noch keineswegs bewiesen, daß die Schenkung auf den Todesfall auch nach heutigem sächsischen Rechte ein zwischen den Rechtsgeschäften von Todeswegen und den unter Lebenden in der Mitte stehendes besonderes Rechtsgeschäft sein müsse. Der Gesetzgeber hat vielmehr gerade jeden Unterschied zwischen den Schenkungen auf den Todesfall und den letztwilligen Verfügungen beziehentlich den Erbverträgen beseitigen, er hat sie den letzteren vollkommen gleichstellen wollen.

Es ist dabei allerdings richtig, daß der ganze Abschnitt über die Schenkung auf den Todesfall füglich hätte fortgelassen werden können. Der Gesetzgeber hat aber offenbar die Schenkung auf den Todesfall nicht ganz übergehen wollen; einerseits mit Rücksicht auf die frühere Gesetzgebung und diejenige fremder Staaten, andererseits aber auch, weil es doch nicht ausgeschlossen erschien, daß Personen mit ausdrücklichen Worten eine Schenkung auf den Todesfall errichten könnten.

Was den § 2502 anlangt, so ist allerdings zuzugeben, daß derselbe eigentlich überflüssig ist; er besagt dasselbe, was bereits in den vorhergehenden Paragraphen ausgesprochen worden ist, und zwar außerdem noch in ungenügender Weise. Es läßt sich aber vielleicht bezüglich der Formvorschriften bemerken, daß mit Rücksicht auf die bekannte über l. 4. C. h. t. im gemeinen Rechte entstandene Streitfrage und zur Vermeidung aller Zweifel für das sächsische Recht die entsprechenden Paragraphen noch einmal ausdrücklich als nicht geltend hervorgehoben worden sind.

Alle Argumente der gegentheiligen Meinung werden aber hinfällig, wenn man die Grundgedanken, von denen der Gesetzgeber bei dem Erlaß der Bestimmungen über die Schenkung auf den Todesfall ausgegangen ist, im Auge behält. Das bürgerliche Gesetzbuch hatte sich bekanntlich die Aufgabe gestellt, die zum Theil verwickelten, jedenfalls aber nicht in das Leben übergegangenen Bestimmungen des römischen Rechtes zu vereinfachen. Diese Vereinfachung erfolgte vor allen Dingen dadurch, daß man die Schenkung auf den Todesfall, wie auch schon die ausschließliche systematische Stellung im Erbrechte zeigt, lediglich als letztwillige Verfügung beziehungsweise Erbvertrag behandelte. Hätte man die Mittelstellung zwischen den Geschäften unter Lebenden und den von Todeswegen, welche die fragliche Lehre im römischen Rechte zu einer höchst verwickelten gestaltete, aufrecht erhalten wollen, so hätte man eben nicht „vereinfacht“, sondern die „verwickelte Lehre“ recipirt. Das hat der Gesetzgeber aber nicht gewollt und deshalb heißt es in den Motiven:[1] „Als ein selbstständiges Rechtsinstitut treten nach zeitherigem Rechte die römisch-rechtlichen donationes mortis causa auf.“

Die Schenkung auf den Todesfall steht nicht mehr in der Mitte zwischen den Geschäften von Todeswegen und den unter Lebenden, sie ist deshalb auch kein besonderes Rechtsgeschäft mehr, sondern, wie bereits oben bemerkt, eine allgemeine Rechtsform, welche verschiedene Arten von Verfügungen auf den Todesfall in sich schließen kann.

Unhaltbar ist daher die systematische Stellung, welche das bürgerliche Gesetzbuch der Schenkung auf den Todesfall giebt, indem es dieselbe im siebenten Abschnitt der fünften Abtheilung, also unter den Vermächtnissen, behandelt. Diese Stellung ist eine Reminiscenz an das gemeine Recht, wo die Schenkung auf den Todesfall in der That mit dem Vermächtnisse die größte Aehnlichkeit besaß. Im bürgerlichen Gesetzbuche ist aber die Wirkung der Schenkung auf den Todesfall eine ganz andere, weit über die eines Vermächtnisses hinausgehende; die Schenkung auf den Todesfall kann Universalsuccession begründen. Daß letzteres der Fall ist, zeigt der Wortlaut der §§ 2500. 2501, nach welchen die Schenkung auf den Todesfall wie eine „letztwillige Verfügung“ oder wie ein „Erbvertrag“ zu behandeln ist; nirgends wird die „letztwillige Verfügung“ auf solche über einzelne Nachlaßgegenstände (Vermächtniß), nirgends der „Erbvertrag“ auf „Vermächtnißvertrag“ beschränkt.

Allerdings erscheint hier der Einwurf nicht unbegründet: Einer solchen Einschränkung bedurfte es nicht; sie verstand und versteht sich von selbst, da ja die ganze Abtheilung überhaupt nur von Vermächtnissen handelt. Dieser Einwand ist aber — ganz abgesehen von den aus den Motiven und anderen Gesetzen[2] abzuleitenden Gründen — aus dem § 2502 zu widerlegen. Hier wird durch Aufhebung der gegentheiligen Bestimmung des § 1053 gestattet, eine Schenkung auf den Todesfall über ein ganzes Vermögen oder über einen ideellen Theil desselben zu errichten, und in

[1] Specielle Motive zu § 1053—1055. Landtagsakten von 1854. Abth. 1. 1, 671.

[2] Vgl. u. A. Erbschaftssteuergesetz vom 13. November 1876. Art. I, 1; vgl. ferner Entwurf einer Gerichtsordnung über das Verfahren in nicht streitigen Rechtssachen für das Königreich Sachsen. Landtagsakten von 1865/66. Erste Abtheilung. 1, 811 ff. c. 6. § 347. 348. 349. und specielle Motive zu § 347 a. a. O. S. 926.

letzterer Beziehung bestimmt das Gesetz,[1] daß, wenn der Erblasser Jemandem sein gesammtes bewegliches und unbewegliches Vermögen letztwillig zuwende, eine Erbeseinsetzung anzunehmen sei.

Es wäre systematisch richtig gewesen, wenn man unsere Lehre als einen Anhang dem gesammten Erbrechte angefügt hätte. Auch die Stellung hinter die Erbverträge und zwar in Form einer besonderen, selbständigen „Abtheilung“, nicht bloß eines „Abschnittes“, wäre zutreffend gewesen. Die Einreihung in die Lehre von den Vermächtnissen, die Unterordnung unter den Begriff „Vermächtniß“ ist systematisch falsch.

Es ist daher auch nicht zu billigen, wenn sich die Theorie — wie z. B. Schmidt[2] — dem Gesetzbuche in dieser Hinsicht anschließt.

III. Das bürgerliche Gesetzbuch kennt, wie das römische Recht, zwei Arten der Schenkung auf den Todesfall. Entweder wird nämlich mit Rücksicht auf den Tod im Allgemeinen[3] oder auf eine bestimmte Lebensgefahr[4] geschenkt.

Es entsteht hier die Frage, was ist Rechtens, wenn Schenker und Beschenkter zu gleicher Zeit sterben. Im gemeinen Rechte wird gewöhnlich unter Berufung auf l. 26 D. h. t. ein Bestehen der Schenkung angenommen.[5] Ich glaube, daß dieser Satz, so allgemein gefaßt, aus der angezogenen Quelle nicht zu entnehmen ist. Zunächst muß allerdings zugegeben werden,[6] daß, wenn diese Stelle auch von wechselseitiger Schenkung handelt, das Princip bei der einseitigen Schenkung dasselbe ist. Die l. 26 D. h. t. spricht aber von einer bereits vollzogenen Schenkung und besagt, daß die Erben des Schenkers das Geschenkte nicht zurückfordern können. In diesem Falle war der Gedanke der l. 26 D. h. t. ein wohlbegründeter. Wollten die Erben des Schenkers das bereits Uebertragene zurückverlangen, so mußten sie ihr Revokationsrecht begründen, sie mußten beweisen, daß der Beschenkte früher gestorben war, als der Schenker, und das war nicht möglich. Umgekehrt, war die Schenkung noch nicht vollzogen, und die Erben des Beschenkten wollten das Recht ihres Erblassers geltend machen, so mußten sie das Eintreten der Gültigkeitsbedingung der Schenkung, den früheren Tod des

---

[1] Vgl. § 2168.

[2] Vorlesungen. 2, 249 ff.

[3] Es ist hierbei an natürlichen Tod zu denken. l. 7 D. h. t.; l. 32 § 7 D. de don. inter vir. et uxor. 24, 1; Lauterbach, Dissert. academ. vol. II. Tubingiae 1728. disp. 74. no. 4.

[4] Vgl. zu diesem Falle l. 2. 31 § 2. 35 § 4. D. h. t.; Hasse, a. a. O. 2, 317. 337. Annal. A. F. 4, 281.

[5] Vgl. Windscheid, a. a. O. 2, § 369. Anm. 1.

[6] Vgl. Hasse, a. a. O. 2, 336.

Schenkers, darthun, wozu sie nicht im Stande waren. Es ist daher nicht richtig, die l. 26 D. h. t. auf den Fall der unvollzogenen Schenkung auszudehnen.

Das Gleiche ist übrigens bezüglich der l. 32 § 14 D. de donat. inter vir. et uxor. 24, 1 zu sagen. Auch diese Stelle handelt von der vollzogenen Schenkung und erklärt, daß in solchem Falle „neutri datam condictionem.“ Für das bürgerliche Gesetzbuch kann, wie unten nachgewiesen werden wird, der in diesen beiden Stellen des römischen Rechtes behandelte Fall der Schenkung auf den Todesfall nicht in Betracht kommen. Bezüglich der allein gültigen, unvollzogenen Schenkung auf den Todesfall muß nach den Grundsätzen der §§ 2007, 2008, 2396 in Verbindung mit § 2500 ff. bei gleichzeitigem Tode des Schenkers und Beschenkten ein Nichtinkrafttreten der Schenkung behauptet werden.

Nach römischen Rechte kann das Nichtüberleben des Schenkers als suspensive oder resolutive Bedingung der Schenkung beigefügt werden, so daß entweder „einstweilen in das Vermögen des Beschenkten noch gar nichts übergeht, oder das Geschenkte zwar sofort in das Vermögen des Beschenkten übergeht, aber im Falle des Ueberlebens des Schenkers an diesen zurückfallen soll.“ [1] Mit der suspensiven Bedingung verträgt es sich nach römischem Rechte übrigens wohl, daß der Beschenkte schon zu Lebzeiten in den faktischen Genuß des Geschenkten versetzt wird. Dann wird jedoch erst mit dem Eintritt des Todes des Schenkers das Geschenkte zu unbestrittenem Rechte erworben. Wird das Geschenkte sogleich übergeben, so spricht die Vermuthung dafür, daß dasselbe sofort in das Vermögen des Beschenkten übergehen, im Falle des Ueberlebens des Schenkers aber letzterer ein Rückforderungsrecht haben soll. [2]

Die Wirkung einer Resolutivbedingung kann für das heutige sächsische Recht der Tod des Schenkers bei der Schenkung nicht mehr besitzen.

Das bürgerliche Gesetzbuch hat die Schenkung auf den Todesfall in ihren Wirkungen den letztwilligen Verfügungen beziehungsweise den Erbverträgen gleichgestellt. Die Wirkungen der letzteren bestehen aber darin, daß der Berechtigte unter der allen Anordnungen von Todeswegen ipso iure innewohnenden Bedingung des früheren Todes des Erblassers

---

[1] Windscheid, a. a. O. § 369.

[2] Vgl. l. 2. 29. 33. 39. D. h. t.; l. 1 pr. l. 18 § 2 D. de don. 39, 5; l. 15 i. f. D. de manum. 40, 1; l. 11 D. de don. inter vir. et uxor. 24, 1; Savigny, a. a. O. 4, 247; Hasse, a. a. O. 2, 328 ff. — Zu l. 11. D. de don. inter vir. et uxor. 24, 1 in Verbindung mit l. 44. D. h. t. vgl. Fitting, Ueber den Begriff der Rückziehung. S. 109. 116. Scheurl, in der Krit. Ueberschau. 5, 43 ff.

beim Eintritt des Todes des Gebers erwirbt, niemals aber darin, daß er etwas schon zu Lebzeiten des Erblassers erhält und beim Tode dasselbe eventuell wieder verliert. Vor allen Dingen widerspricht aber auch die Verminderung des Vermögens, welche der Schenker durch sofortigen Vollzug der Schenkung auf den Todesfall schon bei Lebzeiten erleidet, dem Charakter einer Verfügung von Todeswegen. Wer auf den Todesfall verfügt, will zu Lebzeiten keine Veränderungen in seinen Rechten, vor Allem keine sofortige Schmälerung seines Vermögens, nicht einmal durch eine Schuldbelastung, herbeiführen, er will vielmehr seine Rechtsverhältnisse für die Zeit nach seinem Tode ordnen.[1] Das Rechtsgeschäft von Todeswegen enthält, wie Andere[2] wollen, eine Vergebung aus der Erbschaft und nicht aus dem gegenwärtigen Vermögen: giebt der Schenker also etwas aus seinem gegenwärtigen Vermögen, so liegt kein Rechtsgeschäft von Todeswegen und somit auch keine Schenkung auf den Todesfall vor.

Der Siebenhaar'sche Commentar enthält dieses Resultat ohne Angabe eines Grundes.

In künstlicher und nicht ganz zutreffender Weise sucht Schmidt[3] dasselbe zu rechtfertigen.

Ausgehend von dem § 2501 behauptet Schmidt, die Annahme eines Schenkungsversprechens könne auch schon darin erblickt werden, daß der Beschenkte eine ihm unter Hinzufügung des Grundes übergebene Sache annehme; das Wort „Schenkungsversprechen" könne nämlich im allgemeinen Sinne, in welchem es soviel bedeute wie Schenkungsofferte (welche jeder durch Vertrag eingegangenen Schenkung ausdrücklich oder stillschweigend innewohne), oder im engeren Sinne verstanden werden, wobei man dann an das Versprechen, in Zukunft etwas zu thun oder zu lassen, zu denken habe. Was unter dem Schenkungsversprechen des § 2501 zu begreifen sei, ergebe sich aus § 1054, wo das Wort „Schenkungsversprechen" im Gegensatze zu der durch Uebertragung oder durch Schulderlaß erfolgenden Schenkung gebraucht werde. Diese Betrachtung ist insofern künstlich, als das im § 2501 gedachte Schenkungsversprechen dasselbe ist, welches der § 2500 näher charakterisirt hat, und als der § 2500 deutlich zu erkennen giebt, daß er nicht an eine stillschweigend oder ausdrücklich auch bei einer vollzogenen Schenkung vorhandene Schenkungsofferte gedacht hat. Der § 2500 enthält keinen der in § 1054 erwähnten Fälle. Weiterhin erscheint es bei

---

[1] Vgl. Windscheid, a. a. O. 1, § 69. [2] Vgl. oben S. 16.

[3] De mortis causa donationis, quam codex iuris saxonici Regii ponit, vi et indole. Observ. I. Lips. 1866.

der bekannten Tendenz des bürgerlichen Gesetzbuchs, die Schenkungen auf den Todesfall vollständig den letztwilligen Verfügungen gleichzustellen, nicht unbedenklich, zur Auslegung der § 2500 ff. die Bestimmungen über die Schenkungen unter Lebenden heranzuziehen.

IV. In den Wirkungen stehen nur die unvollzogenen Schenkungen auf den Todesfall den letztwilligen Verfügungen beziehungsweise den Erbverträgen gleich. Die nahe Verwandtschaft, welche das auf den Todesfall gegebene Schenkungsversprechen mit den letztwilligen Verfügungen hat, theilt die sofort vollzogene Schenkung nicht. Sie macht sich in ihren beeinträchtigenden Vermögenswirkungen sofort für den Schenker fühlbar.[1]

Da aber weiterhin das bürgerliche Gesetzbuch in dem Abschnitte über die Schenkung auf den Todesfall nur von solchen Schenkungen spricht, welche in ihren Wirkungen wie letztwillige Verfügungen, beziehungsweise Erbverträge zu beurtheilen sind, dieser Abschnitt aber entschieden exklusiv gedacht ist, so folgt mit Nothwendigkeit, daß sofort vollzogene Schenkungen auf den Todesfall nicht als „Schenkungen auf den Todesfall" im Sinne des bürgerlichen Gesetzbuchs zu betrachten sind.

Aus dem Stillschweigen des Gesetzes über die sofort vollzogene Schenkung von Todeswegen auf eine völlige Beseitigung derselben schließen zu wollen, wäre unrichtig. In dem Held'schen Entwurfe war ihrer ausdrücklich gedacht worden. Hier lautete der § 1054: „Hat Jemand für den Fall seines Todes einem Anderen etwas geschenkt, so leiden die vorstehenden Bestimmungen (d. h. die Vorschriften über die gewöhnliche Schenkung) nur dann Anwendung, wenn die Sache noch vor dem Tode übergeben oder von dem Schenker ausdrücklich oder indem er sich bloß den Besitz und die Benutzung vorbehalten, erklärt wurde, daß nur die Erfüllung bis zum Eintritt des Todes vertagt sein solle." Eine so ausdrückliche Hervorhebung der für die vollzogene Schenkung auf den Todesfall in Anwendung zu bringenden Rechtssätze war in diesem Entwurfe gerechtfertigt, da die Schenkung auf den Todesfall unter den Bestimmungen über die gewöhnliche Schenkung Platz gefunden hatte. Im revidirten Entwurfe stand sie im Erbrechte und es bedurfte daher jener ausführlichen Vorschrift, die sich jetzt von selbst verstand, nicht mehr.[2]

[1] Vgl. Mommsen, Entwurf eines deutschen Reichsgesetzes über das Erbrecht nebst Motiven. Braunschweig 1876. S. 430.

[2] Vielleicht hätte es sich empfohlen, eine Bestimmung aufzunehmen, wie sie der Mommsen'sche Entwurf eines Erbrechts in § 441 (a. a. O. S. 107) enthält: „Wird die Schenkung sofort vollzogen, sei es durch Uebertragung des Eigenthums oder des sonstigen geschenkten Rechts oder durch Befreiung von einer Schuld u. s. w., so gilt sie als Schenkung unter Lebenden und steht unter den für diese geltenden Vorschriften."

Es ist natürlich auch nach dem bürgerlichen Gesetzbuche nicht verboten, eine Schenkung, welche sofort vollzogen wird, suspensiv oder resolutiv von dem früheren Tode des Schenkers abhängig zu machen und dieses Rechtsgeschäft als Schenkung auf den Todesfall zu bezeichnen. Ein derartiges Geschäft ist aber in Ermangelung des Beweises eines Anderen als eine nach den § 1049—1056 zu beurtheilende Schenkung unter Lebenden zu betrachten; welche Bedeutung die Hinzufügung des Todes des Schenkers dabei hat, ist Frage des einzelnen Falles. Ist die vollzogene Schenkung ausdrücklich von dem Ueberleben des Schenkers abhängig gemacht worden, so ist dieselbe als eine mit der auflösenden Bedingung verbundene Schenkung anzusehen, daß der Beschenkte den Schenker überlebt, oder sofern sie mit Beziehung auf eine bestimmte Lebensgefahr gemacht wurde, daß der Schenker in dieser seinen Tod findet. Dies wird der bei Weitem gewöhnlichere Fall sein. Es ist aber auch denkbar, daß der frühere Tod des Schenkers als suspensive Bedingung hinzugefügt worden sei. Dann ist das Resultat das gleiche, wie das im römischen Recht für diesen Fall geltende,[1] das Gegebene wird zu unbestrittenem Recht erst im Falle des früheren Todes des Schenkers erworben. Man sieht überhaupt, daß sich diese vollzogene Schenkung, welche suspensiv oder resolutiv von dem Ueberleben des Beschenkten abhängig gemacht wurde, wieder den mortis causa donationes des römischen Rechtes nähert; aber es besteht doch insofern ein wesentlicher Unterschied zwischen der vollzogenen und vom Ueberleben des Beschenkten abhängig gemachten Schenkung des sächsischen Rechtes und der mortis causa donatio des römischen Rechtes, als erstere ganz ausschließlich unter den für die gewöhnliche Schenkung unter Lebenden geltenden Grundsätzen steht.

Anders liegt der Fall, wenn zwar die Bezeichnung auf den Todesfall gebraucht, aber nicht ausdrücklich die juristische Relevanz derselben angedeutet ist. Hier kann man nicht annehmen, daß einem Geschäfte unter Lebenden die an und für sich nur Geschäften von Todeswegen anhaftende Eigenthümlichkeit, daß ihre Wirkung von dem Ueberleben des Bedachten abhängig sei, innewohnen solle; die Bezeichnung auf den Todesfall kann daher nur die Bedeutung einer gewöhnlichen Nebenbestimmung haben; und zwar wird man zu der nächstliegenden, zur Resolutivbedingung greifen müssen. Wird Jemandem etwas sofort übergeben und zwar mit der Bezeichnung „auf den Todesfall" oder „mit Rücksicht auf den Tod", so muß, wenn ein anderer Parteiwille nicht durch ausdrückliche Erklärung

---

[1] Vgl. oben S. 25.

oder konkludente Handlung erkennbar ist, angenommen werden, daß er, beziehungsweise seine Erben das Geschenkte bis zum Tode des Schenkers behalten sollen, daß das Geschenkte aber mit dem Eintritt des letzteren Ereignisses an die Erben des Schenkers zurückfallen soll.

Auf die vollzogenen Schenkungen, die von dem Ueberleben des Beschenkten abhängig gemacht sind, kommen also, wie gezeigt, die für die Schenkungen auf den Todesfall geltenden Bestimmungen, insbesondere § 2502, nicht zur Anwendung. Da aber das bürgerliche Gesetzbuch offenbar nur die in den § 2500 ff. erschöpfend dargestellte Schenkung auf den Todesfall als solche anerkennt, so ist es unrichtig, wie z. B. Siebenhaar[1] thut, von einer durch Uebergabe des Geschenkten vollzogenen Schenkung auf den Todesfall im Sinne des bürgerlichen Gesetzbuchs zu reden; solche Rechtsgeschäfte kennt wohl das römische Recht, nicht aber das bürgerliche Gesetzbuch.

Diese im römischen Recht durch das Rückforderungsrecht besonders ausgezeichnete Art der mortis causa donatio kann daher in gegenwärtiger Aufgabe keine Darstellung finden.[2]

Das bürgerliche Gesetzbuch deckt nach dem Vorgetragenen die vom römischen Rechte in § 1. J. de don. 2, 7; l. 1 pr., l. 35 § 2. D. h. t. aufgestellte Definition der Schenkung auf den Todesfall in weit vollkommnerem Maße als das römische Recht selbst.

Das bürgerliche Gesetzbuch steht also im geraden Gegensatze zu der Ansicht Derjenigen,[3] welche nach römischem Rechte ein wesentliches Erforderniß der donatio mortis causa in der sofortigen Uebertragung des geschenkten Gegenstandes zu Lebzeiten des Schenkers erblicken.

Bei dem sofortigen Vollzuge der Schenkung auf den Todesfall ist

---

[1] Lehrbuch des sächsischen Privatrechts. Leipzig 1872. §. 542.

[2] Für das römische Recht vgl. Hasse, a. a. O. 2, 328 ff.; Savigny, a. a. O. 4, 253, 256; Erxleben, a. a. O. S. 157 ff.; Ihering, Uebertragung der rei vindicatio auf Nichteigenthümer in den Jahrbüchern für die Dogmatik des heutigen römischen und deutschen Privatrechts. 1, 124 ff., 10, 575 ff.; Voigt, Ueber die condictiones ob causam. Leipzig 1862. S. 724 ff.; Kindervater, Ueber die rei vindicatio utilis. im Jahrbuch des gemeinen deutschen Rechts. 6. Nr. 9; Unger, a. a. O. § 77. Anm. 2; Engelmann, Der Rückfall des Eigenthums im römischen Recht. Stuttgart 1868. S. 72 ff.; Scheurl, Beiträge zur Bearbeituug des römischen Rechts. Erlangen 1871. II. 2. S. 236 ff.; Czyhlarz, Zur Lehre von der Resolutivbedingung. Prag 1871. S. 11 ff.; Schulin, Ueber einige Anwendungsfälle der Publiciana in rem actio. Marburg 1873. S. 72 ff. Zu l. 29 D. h. t. vgl. Brinz, Lehrbuch der Pandekten. § 303; Cohen, a. a. O. S. 110 ff. 121 ff.

[3] W. Müller, a. a. O. § 24. 25; Mackeldey, Lehrbuch des heutigen römischen Rechts. 14. Aufl. Wien 1862. § 737 ff.

aber nicht bloß an Eigenthumsübertragung zu denken, sondern jede auf sofortige Vermehrung des Vermögens des Beschenkten und entsprechende Schmälerung des Vermögens des Schenkers gerichtete, nicht bloß den Anspruch auf künftige Vermehrung begründende Schenkung ist, auch wenn sie als auf den Todesfall gerichtet ausdrücklich bezeichnet wird, nach den Grundsätzen der Schenkung unter Lebenden zu behandeln.

Wenn es sich daher um Schenkung einer Real- oder Personal-Servitut handelt, so entsteht die Frage, ob die letzteren durch die Schenkung sofort als konstituirt[1] gelten, oder nur ein Anspruch auf zukünftige Bestellung der Dienstbarkeit geschaffen werden sollte. Ebenso kommt es bei der Schenkung auf den Todesfall einer Forderung darauf an, ob die letztere sofort cedirt oder nur hinterlassen werden sollte.[2] Je nachdem der Wille der Parteien nach dieser oder jener Seite zu interpretiren ist, wird man eine Schenkung auf den Todesfall oder unter Lebenden zu konstruiren in der Lage sein.

Ein weiterer Punkt, der hier in Betracht kommen kann, ist die Frage, wann gilt das Geschenkte als übertragen? Diese Frage wird namentlich brennend, wenn bei Schenkungen von Forderungen, die von dem Ueberleben des Beschenkten abhängig gemacht wurden, Urkunden über diese Forderungen sofort übergeben wurden. Ist die Forderung in der Urkunde verkörpert, so liegt natürlich sofortige Uebergabe des Geschenkten und also Schenkung unter Lebenden vor. Dies wäre der Fall bei Inhaberpapieren, bei Wechseln (Blankoindossament). Dasselbe wird auch von den sogenannten „Legitimationspapieren"[3] oder „uneigentlichen Inhaberpapieren"[4] gesagt werden müssen, wie z. B. den Sparkassenbüchern, die zwar auf einen bestimmten Namen ausgestellt sind, deren Inhalt jedoch jedem Vorzeiger ausgehändigt zu werden pflegt. Die bedingungslose Hingabe eines Sparkassenbuches, des Einlagebuches einer Bank u. s. w. ist daher in der Regel als sofortige Schenkung unter Lebenden aufzufassen. Wo dagegen die Urkunde reines Beweisdokument ist, z. B. Hypothekenbrief, kann in der Hingabe der Urkunde ohne Weiteres noch nicht eine sofortige Schenkung der Forderung erblickt werden.[5] Das Gleiche ist von der Uebergabe eines Schuldscheines zu sagen, wenn die betreffende Forderung auf den Todesfall geschenkt ist; auch hier ist an sich noch nicht sofortige Schenkung der Forderung anzunehmen. Der § 2478, wonach in dem Vermächtnisse eines

[1] § 574. 644. [2] § 962. [3] Vgl. Stobbe, a. a. O. 3, 195.
[4] Siebenhaar, Comm. 2, 212. W. f. m. R. 1868. S. 115 ff.
[5] Anderer Ansicht ist ohne Grund Annal. N. F. 9, 350 ff.

Schuldscheins das Vermächtniß derjenigen Forderung liegt, auf welche der Schuldschein sich bezieht, trifft auf den vorliegenden Fall, wo es sich um die sofortige Hingabe des Schuldscheines handelt, nicht zu.[1]

Es ist dieser Fall daher nach den Umständen verschieden zu beurtheilen und es kommt auf die Intention des Schenkers an: Hat er durch die Uebergabe der Urkunde ausdrücken wollen, daß die Schenkung sofort in Kraft trete, so ist natürlich eine Schenkung unter Lebenden anzunehmen.

Uebrigens haben diese Fragen häufig den Proceßgerichten zur Entscheidung vorgelegen.[2]

V. Trotz des Vorstehenden läßt sich eine Einräumung des auf den Todesfall geschenkten Gegenstandes zu Lebzeiten des Schenkers als zulässig denken. Eine derartige Verfügung unter Lebenden ist dem Schenker nicht zu verwehren. Ist dieselbe aber als Vollzug der Schenkung auf den Todesfall gedacht, so liegt eine gewöhnliche Schenkung unter Lebenden vor.

Der Wille des Schenkers kann aber auch dahin gehen, eine neben der Schenkung auf den Todesfall stehende und von dieser durchaus getrennt zu haltende Schenkung unter Lebenden zu errichten. Daß die Realisirung dieser Absicht gestattet sei, ist nicht zu bezweifeln; andererseits braucht dadurch auch keineswegs die Schenkung auf den Todesfall inhaltsleer zu werden, denn es kann ja mit der Schenkung unter Lebenden eine Resolutivbedingung verbunden sein, wodurch das Geschenkte mit dem Tode des Schenkers an dessen Erben zurückfallen müßte.

Dem Schenker ist, wie bereits bemerkt, eine Veräußerung des geschenkten Gegenstandes weder an den Beschenkten selbst, noch an einem Dritten untersagt.[3] Bei einer einseitigen Schenkung auf den Todesfall ergiebt sich dies aus der Natur einer letzwilligen Verfügung und ist außerdem durch das Gesetz ausdrücklich anerkannt.[4] Bei dem acceptirten Schenkungsversprechen folgt es zunächst aus dem Inhalte des Erbvertrages, wonach der Acceptant ja nicht ein sofortiges Recht — auch nicht ein sofortiges bedingtes Recht — an dem Vermögen des Berechtigten erlangt, sondern nur einen Anspruch, künftig Erbe beziehungsweise Vermächtnißnehmer zu werden. So gewiß daher principiell dem einen Erbvertrag Errichtenden

---

[1] Vgl. Siebenhaar, in Annal. N. F. 2, 208. Anm. 14.

[2] Vgl. u. A. Z. f. R. 31, 261 ff. 41. 211 ff.; W. f. m. R. 1865. S.108 ff.; Annal. N. F. 9, 350. — Für das römische Recht vgl. l. 44 § 5 D. de legat. I; l. 59 D. de legat. III.

[3] Dieser Punkt hätte eigentlich erst in der Lehre von den Wirkungen der Schenkung auf den Todesfall seine Behandlung finden müssen; da er sich aber eng an das Vorhergehende anschließt, soll er schon hier besprochen werden.

[4] Vgl. u. A. § 2418.

Verfügungen unter Lebenden über sein Vermögen gestattet sind, liegt doch auf der anderen Seite auch ein vertragsmäßiges Band vor, und es würde jedenfalls den Grundsätzen von Treue und Glauben nicht entsprechen, wenn der Erblasser den Erbvertrag durch Veräußerung seines Vermögens zu Lebzeiten gegenstandslos machen würde. Es ist daher in verschiedenen Gesetzgebungen für diesen Fall Vorkehrung getroffen worden,[1] in anderen dagegen nicht.[2] Zu den letzteren gehört das sächsische Recht mit der ausdrücklichen Bestimmung des § 2548: „Des Erbvertrages ungeachtet behält der Erblasser das Recht der freien Verfügung unter Lebenden." Es fragt sich nun, welches sind die Wirkungen einer solchen Veräußerung unter Lebenden an Dritte?

Was zunächst die einseitige Schenkung auf den Todesfall anlangt, so wird, wenn das ganze Vermögen geschenkt ist, also Erbeseinsetzung vorliegt, durch die Veräußerung des ganzen Vermögens zu Lebzeiten die Schenkung auf den Todesfall für den Beschenkten thatsächlich werthlos. Man kann aber noch nicht sagen, daß die Schenkung auf den Todesfall aufgehoben sei, denn es handelt sich ja bei der Erbeseinsetzung nicht bloß um den künftigen Erwerb von Rechten, sondern auch von Pflichten, und unter die Präsumtionen des Widerrufes[3] ist dieser Fall weder ausdrücklich aufgenommen, noch ist ein solcher Widerruf durch Analogie zu konstruiren.

Wird dagegen ein einzelner Gegenstand auf den Todesfall geschenkt, so kann die Wirkung entweder Erbeseinsetzung sein[4] — dann gilt das vorhin Bemerkte — oder Vermächtniß. Im letzteren Falle kann man in der Veräußerung des geschenkten Gegenstandes zu Lebzeiten einen stillschweigenden Widerruf erblicken und der § 2418 bestimmt, daß ein Vermächtniß ganz bezw. theilweise als aufgehoben gilt, wenn der Erblasser die vermachte Sache beziehungsweise einen Theil derselben veräußert.

Aehnlich verhält es sich, wenn die Schenkung auf den Todesfall in Erbvertragsform gekleidet ist. Der Erblasser ist hier, wie bereits bemerkt, keineswegs an Verfügungen unter Lebenden gehindert. Liegt Erbeinsetzungsvertrag vor, so ist die Schenkung nicht aufgehoben, auch wenn der ganze Nachlaß bei Lebzeiten veräußert ist. Einen Anspruch, wie ihn die gemeinrechtliche Praxis unter Ausdehnung der querela inofficiosae donationis dem Vertragserben giebt,[5] kennt das sächsische Recht nicht. Der Vertragserbe ist ja berechtigt, die Schenkung nach dem Tode des Erblassers auszuschlagen,[6]

---

[1] Preuß. Allgem. Landrecht 1, 12. § 625 ff. Code civil art. 1083. 1093.
[2] Oesterr. B. G. B. § 1252. [3] § 2215 ff. [4] Vgl. § 2182 und unten.
[5] Vgl. Stobbe, a. a. O. 5, 290. [6] § 2550.

die Uebernahme einer bloß Pflichten aufbürdenden Schenkung wird ihm natürlich nicht zugemuthet.

Liegt ein Vermächtnißvertrag vor, so wird derselbe durch die Veräußerung des Geschenkten vollständig gegenstandslos, die Erfüllung einer vertragsmäßigen Verpflichtung ist durch die einseitige Handlung des Verpflichteten unmöglich geworden; das Recht gewährt aber dem anderen Kontrahenten keinen Ersatzanspruch an die Erben seines Mitkontrahenten. Der Erbvertrag gilt in der Regel als unwiderruflich, doch ist ein Vorbehalt des Widerrufes gestattet. Ist ein solcher Vorbehalt bei einer als Vermächtnißvertrag aufzufassenden Schenkung auf den Todesfall gemacht worden, so kann in der Veräußerung des auf den Todesfall geschenkten Gegenstandes auf Grund von § 2555 verbunden mit § 2418 ein stillschweigender Widerruf gefunden werden.

VI. Wollte man nach dem Vorstehenden der Ansicht sein, es könne seit dem bürgerlichen Gesetzbuche die im früheren Rechte so häufig aufgeworfene Frage,[1] ob eine Schenkung unter Lebenden oder von Todeswegen vorliege, nicht mehr den Gegenstand abweichender Ansichten bilden, so würde man durch einen Blick auf die Praxis vom Gegentheil überzeugt werden.

Diese Frage erlangt namentlich dadurch praktische Bedeutung, daß die einen bestimmten Betrag überschreitenden Schenkungen unter Lebenden zu ihrer Gültigkeit der gerichtlichen Form bedürfen,[2] und es ist namentlich diese gesetzliche Bestimmung, welche die Erörterung der obigen Frage häufig veranlaßt hat.

Die frühere Praxis kannte in dieser Hinsicht den Satz, daß die Vermuthung für eine Schenkung unter Lebenden spreche,[3] und die Doktrin hatte eine große Zahl von Fällen aufgestellt, in denen eine Schenkung auf den Todesfall zu präsumiren sei.[4] Noch im neueren Rechte[5]

---

[1] Vgl. den interessanten Rechtsfall, in welchem die Leipziger, Jenenser, Hallenser und Helmstädter Juristenfakultäten im Gegensatze zu derjenigen von Wittenberg Schenkung auf den Todesfall annahmen, bei Bauer, Opusc. 1, 289 ff.

[2] § 1056.

[3] Vgl. Carpzow, a. a. O. 2, 12. def. 24. Nr. 5; Leyser, a. a. O. VI. spec. 438. med. 1; Hartitzsch, a. a. O. Nr. 360; Emminghaus, Pandekten des gemeinen sächsischen Rechts. Jena 1851. S. 626. Nr. 3; Holzschuher, Theorie und Kasuistik des gemeinen Civilrechts. 3. Aufl. Leipzig 1864. 2. § 200; W. f. m. R. 1858. S. 345 ff.; Seuffert, Arch. 12, 31.

[4] Vgl. gegen Menochius, Mantika und Andere: Haubold, Opusc. 1, 468 ff.; Herrmann, De mortis causa donationum coniecturis. Lips. 1792. c. 2. 3.

[5] Haubold, Opusc. 1, 474. Vgl. dagegen Hasse, a. a. O. 2, 342. W. f. m. R. 1848. S. 492 ff.

wurde behauptet, daß die Vermuthung für eine Schenkung unter Lebenden spreche, wenn die Schenkung formlos errichtet worden sei.

Was das bürgerliche Gesetzbuch betrifft, so läßt sich ein überall zutreffendes, allgemeines Unterscheidungsmerkmal der Schenkungen auf den Todesfall und derjenigen unter Lebenden nicht aufstellen. Wann das eine oder das andere Rechtsgeschäft vorliege, ist vielmehr Frage des einzelnen Falles, wie dies schon ein Urtheil des Appellationsgerichtes Leipzig vom Jahre 1848 (W. f. m. R. 1848. S. 492), welches eine Entscheidung des Leipziger Spruchkollegiums konfirmirte, aussprach. Dieses Urtheil bedeutet im Gegensatze zu der im Banne der erwähnten Präsumtionen befangenen Doktrin und Praxis einen wesentlichen Fortschritt.

Bei Beantwortung obiger Frage sind im Allgemeinen folgende Bemerkungen zu berücksichtigen.

Die Bezeichnung der Schenkung als eine auf den Todesfall gerichtete, die ausdrückliche oder stillschweigende Erwähnung des Todes oder einer speciellen Lebensgefahr (z. B. mit den Worten: „dafern ich mit Tode abgehen sollte, schenke ich Dir u. s. w."), gewähren nur eine Vermuthung für den Willen des Schenkers. Es kann ebensogut der Tod nur zum Zwecke der Bestimmung der Zahlungszeit erwähnt sein. Ist ferner der Gegenstand der Schenkung sofort in das Vermögen des Beschenkten übertragen, so liegt, selbst wenn die Schenkung als auf den Todesfall errichtet ausdrücklich bezeichnet ist, eine ausschließlich nach den Regeln über die Schenkung unter Lebenden zu beurtheilende Schenkung vor.

Zur Bestimmung einer Schenkung als einer solchen auf den Todesfall muß vor allen Dingen darauf Rücksicht genommen werden, ob der Wille des Schenkers dahin ging, die Wirkung der Schenkung von seinem früheren Tode abhängig zu machen,[1] und ob derselbe beabsichtigte, das Geschenk nur dem Beschenkten, nicht auch dessen Erben, wenn der Beschenkte vor ihm — dem Schenker — sterben würde, zukommen zu lassen.[2] Mit anderen Worten: Es ist darauf zu sehen, ob der Schenker mit der Schenkung die Wirkungen einer letztwilligen Verfügung herbeiführen und zu seinen Lebzeiten keine Schmälerung seines Vermögens, nicht einmal durch eine Schuldbelastung, verursachen wollte, oder nicht. Ist ersterer Wille nicht ausdrücklich ausgesprochen worden, so muß er sich aus den sonstigen Erklärungen des Gebers oder den begleitenden Umständen ent-

---

[1] Vgl. § 1 J. de don. 2, 7; l. 1. 26. 32 D. h. t.; Savigny, a. a. O. 4, 241 ff.

[2] Vgl. § 1 J. 2, 7; l. 1 pr. 35. D. h. t.; Meyer, Magazin für hannoversches Recht. 4, 33 ff.; Seuffert, Archiv. 12, 31. 18, 37. 20, 34.; W. f. m. R. 1863. S. 313 ff.

nehmen lassen.[1] Von Wichtigkeit sind in dieser Richtung auch gepflogene Vorverhandlungen und der Inhalt etwa aufgesetzter Urkunden. Auch kann die Auslegung des Willens auf formlose Erklärungen des Schenkers vor oder nach der Errichtung der Schenkung gestützt werden.[2]

---

§ 3.

Aktive und passive Fähigkeit bei der Schenkung auf den Todesfall.

I. Die Fähigkeit zur Errichtung einer Schenkung auf den Todesfall wird nach dem Momente der Errichtung beurtheilt.[3] Abgesehen von diesem allgemeinen Grundsatze gelten verschiedene Vorschriften, je nachdem die Schenkung auf den Todesfall in Anordnung und Wirkung nach den Grundsätzen der letztwilligen Verfügung oder des Erbvertrages zu behandeln ist.

Fähig zur Errichtung einer in die Form eines einseitigen Versprechens gekleideten Schenkung auf den Todesfall sind alle Personen, welche das vierzehnte Lebensjahr erfüllt haben, und zwar, selbst wenn sie in väterlicher Gewalt oder unter Altersvormundschaft stehen, „ohne ihre Väter oder Vormünder";[4] wer dagegen das vierzehnte Lebensjahr noch nicht vollendet hat, kann nicht einmal unter Mitwirkung seines Vaters oder Vormundes eine einseitige Schenkung auf den Todesfall errichten. Will Jemand unwiderruflich in der Form des Erbvertrages auf den Todesfall schenken, so muß er handlungsfähig sein; ist er bevormundet, so kann er selbst mit Genehmigung des Vormundes durch eine Schenkung in letzterer Form nicht über seinen Nachlaß verfügen.[5]

---

[1] Hierzu vgl. die in Annalen 4, 281 ff. 7, 230 ff. N. F. 9, 350 ff. 2. F. 2, 263 ff.; W. f. m. R. 1863. S. 313 ff. behandelten Rechtsfälle.

[2] § 812. 2157. 2158. W. f. m. R. 1863. S. 313 ff. 1873. S. 257.

[3] Vgl. § 2073. § 786 ff.

[4] § 2066 vbd. mit § 2500.

[5] § 2501 vbd. mit 2544. 2545. 81. 47. Im gemeinen Recht wurde auf Grund irriger Interpretation von l. 4 C. 8, 57, Nov. 87 und wegen l. 32 §. 2. D. de donat. inter vir. et uxor. 24, 1 und l. 1 § 1 D. de tutelae et rat. distrah. actione 27, 3 vielfach Testamentsfähigkeit zur Errichtung einer Schenkung auf den Todesfall verlangt. Vgl. Schröter, a. a. O. S. 117 ff.; dagegen Savigny, a. a. O. 4, 259; Vangerow, a. a. O. 2, 566. Anm. Ueber die Fähigkeit des Hauskindes zur Errichtung einer Schenkung auf den Todesfall aus seinem peculium vgl. l. 7 § 4. 5. D. de don. 39, 5; Windscheid, a. a. O. § 676. Anm. 1. 17; Fitting, Das castrense peculium. Halle 1871. S. 96 ff.

Was Ehefrauen betrifft, so können dieselben eine einseitige Schenkung auf den Todesfall auch ohne ihre Ehemänner errichten.[1] Soll die Schenkung dagegen die Wirkungen des Erbvertrages erhalten, so bedürfen die Ehefrauen der Einwilligung ihrer Ehemänner, soweit sie nicht auch ohne die letzteren Verbindlichkeiten einzugehen im Stande sind.[2] Wenn also z. B. eine Ehefrau aus dem ihr zur Verfügung vorbehaltenen Vermögen eine Schenkung auf den Todesfall mit ausdrücklicher oder aus den Umständen zu entnehmender Beziehung auf ihr vorbehaltenes Vermögen in Erbvertragsform errichtet, so wird das Rechtsgeschäft gültig sein, auch wenn es die Genehmigung des Ehemannes der Schenkerin nicht erhält.[3]

Bezüglich der des Vernunftgebrauches Beraubten bestand nach früherem Rechte ein Unterschied, je nachdem einseitig oder in Vertragsform auf den Todesfall geschenkt wurde; unter bestimmten Voraussetzungen konnten Geisteskranke in lichten Zwischenräumen einseitig auf den Todesfall verfügen.[4] Dieser Unterschied ist durch das Gesetz vom 20. Februar 1882 dadurch beseitigt worden, daß der § 2069 des bürgerlichen Gesetzbuchs aufgehoben wurde.[5]

Eine wichtige Frage muß gleich an dieser Stelle ihre Behandlung finden, nämlich die Frage, ob eine Schenkung auf den Todesfall auch durch Stellvertreter errichtet werden kann.

Was zunächst die einseitige Schenkung auf den Todesfall betrifft, so ist jene Frage einfach zu verneinen; nach ausdrücklicher gesetzlicher Bestimmung muß eine letztwillige Verfügung — und somit auch die bezüglich der Anordnung wie eine letztwillige Verfügung zu behandelnde einseitige Schenkung auf den Todesfall — von dem Verfügenden in Person getroffen werden.[6]

Schwieriger gestaltet sich die Entscheidung, wenn die Schenkung auf den Todesfall als Erbvertrag zu behandeln ist. Hier bestimmt das Gesetz[7] mit klaren Worten, daß für die Eingehung von Erbverträgen, soweit nichts anderes bestimmt ist, die Vorschriften über die Eingehung der Verträge in Anwendung kommen. Daß aber Verträge durch Stellvertreter abgeschlossen werden können, unterliegt keinem Zweifel, und ebenso steht weiter fest, daß für den Erbvertrag eine Ausnahme hiervon nicht statuirt worden ist. So scheint denn die Zulässigkeit der Stellvertretung bei Errichtung einer in die Form des Erbvertrages gekleideten

[1] §§ 2068. 2500. [2] §§ 2545. 2501. [3] § 1640.
[4] § 2069 im Gegensatze zu § 2545.
[5] Gesetz- und Verordnungsblatt von 1882. S. 59 ff. [6] § 2064.
[7] § 2544.

Schenkung auf den Todesfall über allen Zweifel erhaben zu sein. Aber man muß doch betonen, daß es eigentlich sinnlos ist, für die einseitige Schenkung auf den Todesfall persönliche Errichtung zu verlangen, für die vertragsmäßige Schenkung dagegen eine Stellvertretung zu gestatten. Auch der Erbvertrag ist, obgleich keine letztwillige Verfügung im Sinne des bürgerlichen Gesetzbuchs,[1] doch eine Verfügung von Todeswegen. Er wird in derselben Form abgeschlossen, wie ein gerichtlich errichteter letzter Wille, er ist sogar auf diese Form in erschwerender Absicht beschränkt worden. Es ist daher auch nicht zu vermuthen, daß in einem wesentlichen Punkte eine weitgehende Erleichterung für die Errichtung des Erbvertrages gegenüber der einseitigen Verfügung hat geschaffen werden sollen. Hierzu kommt, daß bei den Erbverträgen die Vertretung der Handlungsunfähigen durch ihre Vormünder ausgeschlossen worden ist,[2] so daß also der Erbvertrag auch bezüglich der Stellvertretung in einem speziellen Falle ungünstiger gestellt worden ist, als die einseitige letztwillige Verfügung. Es ist daher kaum anzunehmen, daß der Erbvertrag in anderen Fällen der Stellvertretung der letztwilligen Verfügung gegenüber hat begünstigt werden sollen, und so kann man denn wohl behaupten, daß auch bei einer in der Form des Erbvertrages zu errichtenden Schenkung auf den Todesfall die Stellvertretung ausgeschlossen ist.

Es entsteht allerdings hier die weitere Frage: Ist eine Stellvertretung auf beiden Seiten, oder bloß auf Seiten des Schenkers nicht gestattet?

Die Analogie des § 2064 und die ratio legis führen zu einer Beschränkung dieses Verbotes auf den Schenker. Für den Beschenkten bestehen ja auch bezüglich der Handlungsfähigkeit gegenüber sonstigen Vertragsschließenden, also namentlich auch dem Schenker, weitgehende Erleichterungen.[3] Diese lassen daher auch bei der in die Form eines Erbvertrages gekleideten Schenkung auf den Todesfall die Zulässigkeit der Stellvertretung auf der einen Seite, und das Gegentheil bezüglich der anderen Seite nicht als ungerecht erscheinen.

Bei den in die Form des Erbvertrages gekleideten Schenkungen auf den Todesfall kommt auch noch die Fähigkeit des Annehmenden in Frage. Während principiell für jeden der Kontrahenten Handlungsfähigkeit gefordert wird, besteht doch gemäß § 787 für die Schenkung auf den Todesfall die Besonderheit, daß Personen mit beschränkter Handlungsfähigkeit im Stande sind, ein lediglich zu ihren Gunsten gereichendes Versprechen anzunehmen. Auch greift hier bezüglich der acceptirenden Ehefrauen die

[1] Vgl. § 2061. [2] Vgl. § 2545. [3] § 787.

Bestimmung ein, daß Ehefrauen zu Rechtsgeschäften, durch welche sie lediglich erwerben, der Einwilligung ihrer Ehemänner nicht bedürfen.[1]

II. Fähig zum Erwerbe aus einer einseitigen Schenkung auf den Todesfall ist jede Person, welche bei dem Tode des Schenkers lebt.[2] Zu Gunsten des nasciturus gilt die gesetzliche Vermuthung, daß eine Leibesfrucht, welche bei dem Tode des Schenkers empfangen war und lebend zur Welt kommt, bei dem Tode des Schenkers gelebt hat.[3] Auch juristische Personen können auf den Todesfall beschenkt werden, selbst wenn sie zur Zeit der Errichtung noch nicht bestanden, sofern sie nämlich — gleichviel, ob vor oder nach dem Tode des Schenkers — vom Staate anerkannt waren.[4] Werden Gesellschaften, die keine juristische Persönlichkeit besitzen, bedacht, so gelten die einzelnen Mitglieder, welche zur Zeit des Anfalles den Verein bilden, als beschenkt.[5] Unfähig aus der einseitigen Schenkung auf den Todesfall zu erwerben, sind dagegen diejenigen Personen, welche das Gesetz unter Ausdehnung des im Sct. Libonianum vorgesehenen Falles ausdrücklich hervorhebt.[6]

Die Fähigkeit zum Erwerbe aus einer in Anordnung, Form und Wirkungen dem Erbvertrage gleich stehenden Schenkung auf den Todesfall ist mit den aus der Natur des Erbvertrages sich ergebenden Abweichungen nach den Vorschriften über die Erbfolge aus einem letzten Willen zu beurtheilen.[7]

Es ist also vor allen Dingen ebenfalls nur Derjenige erwerbsfähig, welcher zur Zeit des Todes des Schenkers lebt. Jedoch kann vertragsmäßig bestimmt sein, daß die Schenkung auf die Erben des Bedachten übergehen soll.[8]

---

§ 4.

Gegenstand der Schenkung auf den Todesfall.

Gegenstand der Schenkung auf den Todesfall kann alles Dasjenige sein, was das Objekt einer letztwilligen Verfügung oder eines Erbvertrages zu bilden geeignet ist, also auch das ganze Vermögen, oder das gesammte gegenwärtige oder zukünftige Vermögen, oder ein ideeller Vermögenstheil. Der das Verbot von Schenkungen unter Lebenden des letztgenannten Inhalts statuirende § 1053 kann für die nach Anordnung, Form und Wirkungen

---

[1] § 1638. [2] § 2008. [3] § 2008. [4] § 2074. [5] § 2075.
[6] § 2076. 2077. [7] § 2549. [8] § 2551.

den letztwilligen Verfügungen beziehungsweise dem Erbvertrage gleichstehende Schenkung auf den Todesfall keine Geltung beanspruchen, und ist außerdem noch in § 2502 — wie oben gezeigt, eigentlich überflüssiger Weise — für die Schenkung auf den Todesfall außer Wirksamkeit gesetzt worden. Inwiefern der Gegenstand der Schenkung von Todeswegen auf die Beurtheilung ihrer Wirkungen von Einfluß werden kann, soll unten gezeigt werden.

---

§ 5.

Form und Anordnung der Schenkung auf den Todesfall.

Schenkungen auf den Todesfall bedürfen zur gültigen Errichtung der Form einer letztwilligen Verfügung beziehentlich eines Erbvertrages. Daß die für Schenkungen unter Lebenden geltenden Bestimmungen (§ 1056 bis 1058) auf die Schenkung von Todeswegen keine Anwendung finden, versteht sich nach dem Inhalte der §§ 2500. 2501 eigentlich von selbst, ist aber durch § 2502 noch ausdrücklich ausgesprochen worden.

I. Was zunächst das einseitige Versprechen auf den Todesfall betrifft, so kann dasselbe a) in den Formen des gerichtlichen letzten Willens, b) in denen des außergerichtlichen letzten Willens mit öffentlichem Charakter, c) in den Formen des letzten Willens mit rein privatem Charakter und d) in den außerordentlichen Formen des letzten Willens geschlossen werden.

Zu a). Die Schenkung kann entweder zu Protokoll erklärt oder in einer Schrift übergeben werden. Beides kann vor jedem Gerichte,[1] an ordentlicher Gerichtsstelle oder vor Abgeordneten des Gerichtes außerhalb desselben und sogar außerhalb des Gerichtsbezirkes erfolgen. Wird die Schenkung zu Protokoll erklärt, so muß letzteres dem Schenker vorgelesen, von ihm genehmigt und unterschrieben, und daß dies geschehen, im Protokolle bemerkt — beziehungsweise, wenn der Schenker angiebt, nicht schreiben zu können, diese Erklärung und die mitgetheilte Behinderungsursache im Protokolle angegeben werden. Die Urkunde, welche die Schenkung auf den Todesfall enthält, kann vom Schenkenden selbst oder von einem Anderen geschrieben sein. Auf welchem Stoffe und in welcher Schrift oder Sprache dieselbe abgefaßt wird, ist gleichgültig; jedoch ist Zeichenschrift ausgeschlossen. Mangel der Unterschrift und der Angabe von Ort und Zeit schaden nicht.

---

[1] Ueber die Besetzung des Gerichts vgl. § 2093.

Der Schenker hat bei Uebergabe dieser Urkunde dem Gerichte gegenüber zu erklären, daß er in derselben auf den Todesfall einseitig geschenkt habe. Das Gericht hat sodann über diese Erklärung und darüber, daß die Urkunde vom Schenker persönlich übergeben und dieselbe — wie erforderlich — mit dem Gerichtssiegel verschlossen worden sei, ein Protokoll aufzunehmen.[1]

Zu b). Auch vor einem Notar kann eine Schenkung auf den Todesfall errichtet werden. Es greifen in diesem Falle der § 2108 des bürgerlichen Gesetzbuches und der § 93 der Notariatsordnung vom 3. Juni 1859 Platz. Die Errichtung einer solchen Schenkung gilt als mit Abschluß des Protokolles für beendet.[2]

Zu c). Die außergerichtliche ordentliche Form der Errichtung einer Schenkung auf den Todesfall ist im Allgemeinen die römisch-rechtliche Codicillarform.

Neben unitas actus wird die Gegenwart von fünf[3] Zeugen verlangt, welche besonders zum Zeugnisse aufgefordert[4] und bei der Errichtung der Schenkung gleichzeitig anwesend sein müssen. Unfähig zum Zeugnisse sind Frauenspersonen,[5] Personen unter einundzwanzig Jahren, Blinde, Taube, Stumme, des Vernunftgebrauchs beraubte, für Verschwender erklärte oder sonst bevormundete, wegen Meineids bestrafte und bei schriftlicher Errichtung des Schreibens unfähige Personen, da im letzteren Falle die Zeugen die Schenkungsurkunde zu unterschreiben haben;[6] dagegen ist es nicht verboten, den Schreiber der Schenkungsurkunde als Zeugen zu verwenden.[7]

Die Schenkung auf den Todesfall kann in außergerichtlicher Form schriftlich oder mündlich errichtet werden. Im ersten Falle muß der Schenker in Gegenwart der fünf Zeugen in einer denselben verständlichen Sprache vernehmlich erklären, daß der Inhalt jener Urkunde seinem wirklichen Schen-

---

[1] Vgl. § 2092 ff.; vgl. auch Verordnung das Verfahren in nichtstreitigen Rechtssachen betreffend, vom 9. Januar 1865. § 2—9.

[2] Vgl. O. Müller, Bemerkungen über Wesen und rechtliche Bedeutung der notariellen letzten Willens-Errichtung nach § 2108 des bürgerlichen Gesetzbuchs in Z. f. R. 34, 386. 396. Anm. 19. — Für das ältere Recht vgl. Berlich, a. a. O. p. 3. concl. 2. no. 13; Carpzow, a. a. O. p. 3. const. 1. def. 32; Gottschalk, a. a. O. discept. II. c. 27.

[3] Ueber eine Ausnahme vgl. § 2104.

[4] Dasselbe behauptet für das gemeine Recht Savigny, a. a. O. 4, 263; vgl. dagegen Schröter, a. a. O. S. 144. 150; Vangerow, a. a. O. 2, 569.

[5] Für das ältere Recht waren anderer Ansicht: Carpzow, a. a. O. p. 3. const. 1. def. 30; Hartitzsch, a. a. O. S. 361.

[6] § 2102. [7] § 2103.

kungswillen entspreche, und dann die Urkunde in Gegenwart der Zeugen unterschreiben. Ueber den Stoff der Urkunde, über Schrift und Sprache derselben gelten die oben bei der gerichtlichen schriftlichen Form dargestellten Grundsätze. Die Zeugen haben die Urkunde unter Bemerkung ihrer Eigenschaft zu unterschreiben und die Errichtung der Schenkung gilt erst mit der Unterschrift des zuletzt schreibenden Zeugen für beendigt.[1]

Die mündliche Form besteht in der Erklärung des Schenkungswillens in Gegenwart der fünf Zeugen in einer den letzteren verständlichen Sprache. Die Handlung endigt hier mit der Vollendung der Erklärung des Schenkenden.

Zu d). Als außerordentliche Form der einseitigen Schenkung auf den Todesfall kommt zunächst die Schenkung auf den Todesfall des Schreibunkundigen vor; hier muß bei außergerichtlicher schriftlicher Errichtung ein sechster Zeuge für den Schenker mit der Bemerkung der Stellvertretereigenschaft unterschreiben.[2]

Blinde, Taube, Stumme, beziehungsweise Taubstumme können eine Schenkung auf den Todesfall nur in gerichtlicher Form errichten.[3] Tauben muß das Protokoll zum Durchlesen vorgelegt und dies in dem Protokoll mit Angabe des Grundes bemerkt werden.[4] Stumme, die eine Schenkungsurkunde dem Gerichte übergeben, müssen in Gegenwart des Gerichtes entweder eigenhändig schreiben, daß die übergebene Schrift ihren Schenkungswillen enthalte, oder dies durch eine mitanwesende, im Allgemeinen oder zu dieser Handlung zu verpflichtende Vertrauensperson erklären lassen. Für Taubstumme gilt die besondere Vorschrift des § 2070.

Für Schenkungen auf den Todesfall, die zur Zeit einer Epidemie oder ansteckenden Krankheit errichtet werden, bestehen erleichterte Formvorschriften. Wer selbst von der ansteckenden Krankheit befallen ist, oder in einem Hause wohnt, in welchem die Krankheit herrscht, darf auf den Todesfall auch vor drei Zeugen schenken, und die Zeugen können in diesem Falle aus Frauenspersonen und Minderjährigen, welche das achtzehnte Lebensjahr erfüllt haben, bestehen. Das Außerordentliche dieser Form zeigt sich aber ganz besonders darin, daß eine so errichtete Schenkung auf den Todesfall ihre Wirksamkeit verliert, wenn der Schenker nach Ablauf von neunzig Tagen von der Zeit an gerechnet stirbt, wo der Grund zur Schenkung in außerordentlicher Form weggefallen ist.[5] Schenkungen auf den Todesfall, welche Eltern, Voreltern und Ehegatten zu Gunsten ihrer zur gesetzlichen

---

[1] §§ 2104. 2105. 2107. [2] § 2104. [3] § 2071. [4] § 2095.

[5] § 2113. 2114. — Vgl. für das ältere Recht: Berlich, a. a. O. p. 3. concl. 2. no. 16; Carpzow, a. a. O. p. 3. const. 1. def. 33. no. 3. def. 34; Richter, Decis. 28. no. 25. Jus saxonicum discrepans. Diff. 5. zu const. 1. p. 3.

Erbfolge berechtigten Abkömmlinge und Ehegatten errichten, bedürfen zu ihrer Gültigkeit nur eines schriftlichen Aufsatzes, welcher vom Schenkgeber eigenhändig geschrieben und mit seinem Familiennamen unterzeichnet sein, die Benennung der beschenkten Abkömmlinge oder Ehegatten mit dem Familiennamen und wenigstens einem vollausgeschriebenen Vornamen enthalten, das Geschenkte mit Worten angeben und Ort, Jahr und Tag der Errichtung erkennen lassen muß.[1] Eine Schenkung auf den Todesfall, welche in dieser Form zu Gunsten anderer Personen als von zur gesetzlichen Erbfolge berufenen Abkömmlingen oder Ehegatten errichtet wird, ist nichtig.[2]

Was die Schenkungen auf den Todesfall der Militärpersonen betrifft, so sind die Bestimmungen des bürgerlichen Gesetzbuchs durch das Reichsgesetz vom 2. Mai 1874[3] abgeändert worden. Ein näheres Eingehen würde hier zu weit führen.

II. 1. Der Schenker braucht die Person des Beschenkten und den Gegenstand der Schenkung nicht selbst anzugeben; er kann die nähere Bezeichnung desselben dem Willen eines bestimmten Dritten überlassen. Die Schenkung ist dann durch den Ausspruch dieses Dritten bedingt, und fällt weg, wenn der Dritte sich nicht erklären kann oder will. Ist die nähere Bezeichnung von dem Willen mehrerer Dritten abhängig gemacht, so entscheidet die übereinstimmende Erklärung Aller. Die Wahl des Gegenstandes kann übrigens auch dem billigen Ermessen des Beschenkten anheimgegeben werden. Der Gegenstand ist aber stets aus der Erbschaft zu wählen.[4]

Der Schenker kann zur Bezeichnung des Bedachten oder des Gegenstandes auf eine besondere Schrift verweisen. Findet sich in solchem Falle bei seinem Tode eine von ihm eigenhändig geschriebene und eigenhändig mit seinem Familiennamen unterzeichnete Schrift, welche den Beschenkten mit Familiennamen und wenigstens einem voll ausgeschriebenen Vornamen, beziehungsweise den Gegenstand der Schenkung genau, auch Ort, Jahr und Tag der Abfassung angiebt, so bedarf es zur Gültigkeit derselben keiner besonderen Form,[5] es sei denn, daß der Schenkgeber eine solche ausdrücklich vorgeschrieben habe.[6]

---

[1] § 2115. — Vgl. auch für das frühere Recht Berlich, a. a. O. p. 3. concl. 2. no. 14; Carpzow, p. 3. const. 1. def. 33. no. 5.

[2] § 2116.

[3] Vgl. Mandry, Der civilrechtl. Inhalt der Reichsgesetze. 2. Aufl. Freiburg und Tübingen 1882. S. 584 ff.

[4] Vgl. § 2086—2091. [5] § 2084. [6] § 2085.

Eine solche mystische Schenkung auf den Todesfall kann sowohl bei der mündlich wie schriftlich errichteten Schenkung vorkommen.[1]

Ist die Person des Beschenkten aus der Schenkung selbst nicht mit Bestimmtheit zu entnehmen, so greifen die Grundsätze über die Auslegung der letzten Willen[2] Platz; insbesondere finden die Präsumtionen, welche das Gesetz für eine Reihe von Fällen (Schenkungen auf den Todesfall zu Gunsten der „Verwandten", „gesetzlichen Erben",[3] „Kinder",[4] „einer Klasse von Personen, oder solcher Personen, welche zum Schenker in einem Dienst- oder in irgend einem anderen Geschäftsverhältnisse stehen",[5] „der Armen",[6] „einer Kirche"[7]) Anwendung.

Der Schenker darf mehrere Personen gleichzeitig bedenken.

Er kann die Schenkung auf den Todesfall auch in der Weise anordnen, daß er Jemandem ein Schenkungsversprechen abgiebt für den Fall, daß ein Dritter, der zunächst Beschenkte, die Schenkung nicht erwerben kann oder will.[8] Es finden dann die Regeln über die Nacherbeinsetzung analoge Anwendung.[9] Wenn der Schenker Jemanden für einen der beiden Fälle, daß der Erstbeschenkte die Schenkung nicht annehmen kann oder nicht annehmen will, beschenkt hat, so gilt derselbe im Zweifel als für beide Fälle beschenkt.[10]

Voraussetzung für den Erwerb von Seiten des Nachbeschenkten, wenn man sich dieses Ausdruckes bedienen darf, ist dann der Umstand, daß der Erstbeschenkte entweder zur Zeit des Todes des Schenkers verstorben ist, oder daß er lebt, die Schenkung aber ausschlägt, und daß der Substitut den Schenkgeber überlebt.[11]

Das Transmissionsrecht geht übrigens dem Nachschenkungsrecht vor.[12] Ebenso das Anwachsungsrecht; letzteres jedoch nur in dem Falle, wenn für mehrere derart Beschenkte, daß sie nach Analogie von

---

[1] Durch § 2084 ist eine Streitfrage des gemeinen Rechtes entschieden worden. Glück (a. a. O. 35, 14), Sintenis (a. a. O. 3. § 171. Anm. 40) und Andere hielten die mystische Erbeseinsetzung nur bei schriftlichem Testamente für gültig. Vgl. dagegen Windscheid, a. a. O. § 546. Anm. 10.

[2] § 2155—2165. [3] § 2161. [4] § 2162. [5] § 2163. [6] § 2164. [7] § 2165.

[8] Für das gemeine Recht vgl. l. 10 D. h. t.; Schröter, a. a. O. S. 116.

[9] § 2187—2195. 2411. [10] § 2189.

[11] Nach römischem Rechte ist bei einer Schenkung auf den Todesfall eine Substitution eigentlich nur denkbar, wenn der Substituirte die Schenkung ebenfalls acceptirt (Schröter, a. a. O. S. 116; Bolley, Vermischte jur. Aufsätze. Stuttgart 1831. 1, 60.) Eine Schenkung auf den Todesfall an den Beschenkten und dessen Erben kann nach römischem Rechte nur als eine doppelte Schenkung betrachtet werden. Vgl. l. 42. D. h. t.; Hasse, a. a. O. S. 342. Anm. 179, S. 363; Seuffert, Archiv. 18, 37. 30, 46.

[12] § 2195.

§ 2269 ff. das Anwachsungsrecht haben, der Substitut als gemeinschaftlich Nachbeschenkter berufen ist.[1] Hier müssen zuvor sämmtliche Erstbeschenkte fortgefallen sein.[2] Im Verhältniß zu mehreren in anderer Weise Beschenkten greift ein Anwachsungsrecht nicht Platz.[3]

Es können übrigens auch mehrere Nachbeschenkte nacheinander beschenkt werden; es tritt dann jedesmal der Nachfolgende an die Stelle des fortgefallenen Vorgängers.[4]

2. Gemäß § 2500 steht der Errichtung einer Schenkung auf den Todesfall in der Form eines gemeinschaftlichen letzten Willens nichts im Wege.[5]

Gemeinschaftliche Schenkungen auf den Todesfall zweier oder mehrerer Personen bedürfen der gerichtlichen oder schriftlichen Form.[6] Trotz der in solchem Falle materiellen Mehrheit der Schenkungen auf den Todesfall sind dieselben doch ihrer äußeren Erscheinung nach nur eine Schenkung, und es brauchen daher auch die vorgeschriebenen Förmlichkeiten bloß einmal beobachtet zu werden; es muß jedoch jeder der mehreren Schenker die erforderliche Unterschrift, und sofern vor Zeugen verfügt wird, die Aufforderung derselben besonders bewirken.[7] Ihren Wirkungen nach sind sie dagegen, was gleich hier vorgreifend bemerkt sein soll, zu beurtheilen, als wenn jede Verfügung in einer besonderen Schenkung auf den Todesfall errichtet wäre.[8]

Auch die wechselseitigen — reciproken — d. h. diejenigen Schenkungen auf den Todesfall, in denen sich die mehreren Schenker wechselseitig bedenken, sind von einander unabhängig;[9] sie werden korrespektive, d. h. so von einander abhängige, daß die eine mit der anderen steht und fällt, 1) wenn die Schenkgeber sie ausdrücklich als solche bezeichnet haben, oder 2) wenn einer der in § 2201 erwähnten Fälle vorliegt. Durch diese korrespektive Schenkung auf den Todesfall wird zwar das Widerrufsrecht des einzelnen Schenkers nicht ausgeschlossen,[10] aber mit dem Widerruf der einen Schenkung fällt gleichzeitig die andere.[11] Unwiderruflich wird die korrespektive Schenkung auf den Todesfall erst durch den ausdrücklichen Verzicht beider Theile auf den Widerruf,[12] (welcher Verzicht an Erbvertrags-

---

[1] § 2192. [2] § 2192. 2269 ff.

[3] § 2272. 2273. — Im römischem Rechte wurde das ius accrescendi erst durch l. un. § 14. C. de caducis toll. 6, 51 für die Schenkung auf den Todesfall angewendet. Vgl. auch Schröter, a. a. O. S. 323.

[4] § 2194. [5] § 2196—2202. [6] § 2196. [7] § 2197. [8] § 2198. [9] § 2200.

[10] Vgl. für das ältere Recht Carpzow, a. a. O. p. 3. const. 2. def. 11.

[11] § 2200. 2214.

[12] § 2213. Schmidt, Vorlesungen. 2, 194; für das frühere Recht vgl. Haubold, Lehrbuch. § 343.

form gebunden ist),[1] desgleichen, wenn der Längstlebende die Schenkung auf den Todesfall des zuerst Verstorbenen angenommen hat.[2]

3. Unerwähnt darf nicht bleiben, daß ebenso wie bei der Anordnung einer letztwilligen Verfügung, so auch bei derjenigen einer Schenkung auf den Todesfall Nebenbestimmungen (Bedingung, Befristung, Zweckbestimmung oder Auflage) vorkommen können.

Hierüber soll kurz Folgendes bemerkt werden. Die Beifügung selbstverständlicher Bedingungen macht die Schenkung auf den Todesfall zu einer unbedingten;[3] unmögliche, unverständliche, widersinnige, unerlaubte und unsittliche Bedingungen gelten als nicht beigefügt.[4] Als unsittliche Bedingungen werden namentlich hervorgehoben die Nichtverehelichung, die Aenderung der Religion oder Confession.[5] Unmögliche, dem Gesetze oder den guten Sitten widerstreitende Auflagen werden ebenso als nicht beigefügt betrachtet,[6] wie Zeitbestimmungen, die für den Beschenkten eine Unmöglichkeit enthalten.[7]

Besondere Grundsätze gelten noch für die Unmöglichkeit der Bedingung. War die Bedingung vor der Errichtung unmöglich, so gilt sie als nicht beigefügt; wurde sie erst nach der Schenkung auf den Todesfall unmöglich, so wird sie als nicht eingetreten betrachtet.[8] Wird die Erfüllung der Bedingung durch einen Zufall unmöglich, nachdem der Beschenkte sich zur Erfüllung bereit gezeigt hat, so gilt die Bedingung als eingetreten.[9] Das Gleiche ist der Fall, wenn ein bei dem Nichteintritt der Bedingung Betheiligter die Erfüllung unmöglich macht, oder Derjenige, rücksichtlich dessen oder unter dessen Mitwirkung die Bedingung durch den Beschenkten erfüllt werden soll, die Erfüllung hindert.[10]

Im Uebrigen gilt eine Bedingung nur dann als erfüllt, wenn die betreffende Thatsache eingetreten ist. Eine Ausnahme greift aber dann Platz, wenn der Wille des Schenkers überhaupt nur auf Erreichung eines bestimmten Zweckes gerichtet war und dieser auf anderem Wege erzielt worden ist.[11] Stirbt der Beschenkte vor dem Eintritt der Bedingung, so gilt dieselbe als nicht erfüllt.[12] Bei einer suspensiven negativen Potestativbedingung

---

[1] § 2213. [2] § 2214.

[3] § 2117. — Der § 2118 handelt davon, daß der Schenker dem Bedachten etwas zuwendet, „wenn er es haben will".

[4] § 2125. 2126. 2128. 2129. 2132. 2133. 2134. Vgl. auch § 2130. 2131. 2136.

[5] § 2135. 2137. [6] § 2154. [7] § 2150.

[8] § 2125. 2126. 2127. — Das Gleiche gilt übrigens von unerlaubten Bedingungen. § 2129. 2133.

[9] § 2142; Ausnahme: wenn der Erblasser die Erfüllung schlechterdings gewollt hat.

[10] § 2146. [11] § 2141. [12] § 2144.

steht dem Beschenkten übrigens frei, gegen Sicherheitsleistung das Geschenkte zu fordern.[1]

4. Auf die Anordnung der Schenkung von Todeswegen kommen auch die allgemeinen Vorschriften über Zwang und Irrthum zur Anwendung.[2]

Eine Schenkung auf den Todesfall, zu welcher der Schenker durch körperliche Ueberwältigung, durch Furcht oder durch eine irrige Voraussetzung bestimmt wurde, ist nichtig.[3]

Der Irrthum kann sich auf die Person, den Gegenstand, oder andere wesentliche Punkte beziehen.[4] Als ein wesentlicher Irrthum gilt es auch, wenn der Schenker eine Bedingung, welche er beifügen wollte, irrthümlich nicht gestellt hat. Hat er dagegen eine Bedingung beigefügt, die er nicht anordnen wollte, so gilt dieselbe als nicht beigefügt.[5] Ein Irrthum in den Motiven des Schenkers ist nur dann beachtlich, wenn anzunehmen ist, daß er die Schenkung auf den Todesfall nicht angeordnet haben würde, wenn er das wahre Sachverhältniß gekannt hätte.[6]

5. Da das einseitige Schenkungsversprechen auf den Todesfall nach Anordnung und Form wie eine letztwillige Verfügung zu behandeln ist, so kann durch die Schenkung auf den Todesfall sowohl eine Erbeinsetzung, als ein Vermächtniß angeordnet werden. Wann das eine oder das andere im einzelnen Falle anzunehmen ist, soll an anderer Stelle untersucht werden. Ein eigentlicher Formunterschied besteht in dieser Beziehung — von einem ganz unwesentlichen Punkte bei dem mystischen Vermächtniß abgesehen[7] — nicht.

Der Schenker kann auch anordnen, daß der als Erbe zu betrachtende Beschenkte die Schenkung oder einen Theil derselben einem Dritten, dem Schenkungsanwärter, herausgeben oder hinterlassen soll. Das Gesetzbuch kennt eine Reihe von Fällen, in denen solche Schenkungsanwartschaft anzunehmen ist; so z. B. wenn der Schenker dem Beschenkten auferlegt, die Schenkung mit einem Dritten zu theilen, oder den Dritten zum Erben — ob wieder durch Schenkung auf den Todesfall, ist gleichgültig — einzusetzen, oder demselben sonst sein eigenes Vermögen zuzuwenden, oder keinen letzten

[1] § 2147. — Vgl. im Uebrigen noch § 2119—2123 über die Wirkungen der suspensiven oder resolutiven Bedingungen bei Schenkungen auf den Todesfall; § 2124 über die von dem bloßen Wollen des Beschwerten abhängig gemachte Schenkung; § 2138 (mehrere Bedingungen); § 2139 (mehrere unter einer Bedingung Beschenkte); § 2140 (Bedingung in Bezug auf mehrere Personen); § 2145 (das bedingende Ereigniß war zur Zeit der Schenkung bereits eingetreten, kann aber nochmals eintreten); § 2151. 2152 (Auflage zu Gunsten Dritter); § 2153 (Zweckbestimmung zu Gunsten des Beschenkten).

[2] § 2078 ff. [3] § 2078. [4] § 2080. 2081. [5] § 2082. [6] § 2079.

[7] Vgl. Schmidt, Vorlesungen. 2, 242.

Willen zu errichten. Im letzteren Falle gelten die gesetzlichen Erben des Beschenkten als die Schenkungsanwärter.[1]

Die Schenkung auf den Todesfall kann natürlich ebenso wie Erbanwartschaft auch Vermächtnißanwartschaft enthalten; eine solche wird z. B. als zu Gunsten der gesetzlichen Erben des Beschenkten intendirt angesehen, wenn der Schenker dem Beschenkten die letztwillige Verfügung über einen einzelnen Gegenstand verboten hat.[2]

Der Schenker kann auch durch die Schenkung auf den Todesfall ein Familienfideikommiß errichten, indem er verordnet, daß die geschenkte Erbschaft, ein ideeller Theil derselben oder einzelne Gegenstände nur in seiner oder in einer anderen Familie vererbt werden sollen.[3]

III. Ein angenommenes Schenkungsversprechen auf den Todesfall fällt gemäß § 2501 nach Anordnung und Form unter die Vorschriften über den Erbvertrag, der nach dem bürgerlichen Gesetzbuche nicht nur Erbeinsetzung, sondern auch Uebertragung eines einzelnen Gegenstandes zum Inhalte haben kann.[4] Rücksichtlich der Form ist das acceptirte Schenkungsversprechen insofern beschränkter wie das einseitige, als ersteres nur unter Beobachtung der Formen des gerichtlichen letzten Willens rechtsgültig errichtet werden kann.[5]

Im Uebrigen gelten für die Begründung dieser Art von Schenkung auf den Todesfall die Vorschriften über die Eingehung der Verträge.[6] Die allgemeinen Vertragsgrundsätze hier darzustellen, würde zu weit führen; es sollen jedoch kurz die Ausnahmen hervorgehoben werden, welche für die accepirten Schenkungen Platz greifen. Bereits oben erwähnt wurde der Umstand, daß die Stellvertretung bei Errichtung solcher Verträge ausgeschlossen sei. Weiter muß bemerkt werden, daß die dem Erbvertrage beigefügten Bedingungen und, da der § 2549 „Bedingungen" bloß beispielsweise erwähnt, auch die übrigen Nebenbestimmungen nach den für dieselben bei letztwilligen Verfügungen geltenden Grundsätzen zu beurtheilen sind; es werden demnach bei angenommenen Schenkungen auf den Todesfall widersinnige, unmögliche, unerlaubte, unsittliche Bedingungen als nicht hinzugefügt betrachtet, während solche Bedingungen andere Verträge zu ungültigen gestalten.[7]

---

[1] Vgl. § 2503. 2504; außerdem noch § 2505. 2506. 2507. [2] § 2526.

[3] § 2527. — Vgl. auch Entwurf einer Gerichtsordnung über das Verfahren in nicht streitigen Rechtssachen für das Königreich Sachsen. Landtagsakten 1865/66. Erste Abtheilung. 1, 811 ff. c. 6. §§. 347. 348. 349 und specielle Motive zu § 347, a. a. O. S. 926.

[4] § 2542. [5] § 2546. [6] § 2544. [7] § 877 ff. 884. 886.

§ 6.

Die Wirkungen der Schenkung auf den Todesfall.

I. Das einseitige Schenkungsversprechen.

I. Rücksichtlich der Wirkungen, welche die Schenkung auf den Todesfall zu äußern im Stande ist, unterscheidet sich das heutige sächsische Recht von dem römischen in bedeutender Weise.

Vor allem springt in die Augen, daß, nach dem oben Ausgeführten die Schenkung auf den Todesfall im sächsischen Rechte Universalsuccession begründen kann.

Von der größten Wichtigkeit ist es daher, ein Princip für die Entscheidung der Frage zu gewinnen, ob im einzelnen Falle Universalsuccession oder Singularsuccession vorliege. In der Form besteht, wie bereits bemerkt, ein beachtenswerther Unterschied zwischen Erbeinsetzung und Vermächtniß nicht;[1] ebensowenig wird man in der Regel aus den gebrauchten Worten ein Moment zur Entscheidung dieser Frage entnehmen können, denn es wird doch meistentheils mit dem Worte „schenken" operirt werden.

Der Gesetzgeber giebt eine Reihe von Präsumtionen an, die aus dem Gegenstande des Zugewendeten entnommen sind.[2] Hat der Schenkgeber Jemandem sein ganzes Vermögen oder einen ideellen Theil desselben auf den Todesfall zu schenken versprochen, so ist Erbeinsetzung anzunehmen;[3] sind dagegen einzelne Sachen, Rechte oder Summen zugewendet, so liegt ein Vermächtniß vor,[4] mit Ausnahme des Falles, wenn durch die bestimmte Sache der Nachlaß erschöpft wird.[5] Ist Jemand mit dem ganzen unbeweglichen Vermögen, ein Anderer mit dem gesammten beweglichen Vermögen auf den Todesfall beschenkt, so liegt Erbeseinsetzung vor,[6] und zwar nach dem Verhältnisse, in welchem der Werth des einem Jeden Geschenkten beim Tode des Schenkgebers zu dem Werthe

---

[1] Es ist daher zu eng, wenn Sintenis (a. a. O. zu § 2500—2502) bemerkt: „Es wird daher von den Umständen abhängen, ob die erstere (sc. Erbeinsetzung) oder das letztere (sc. Vermächtniß) beim Gebrauch der wörtlichen Form der Schenkung zu verstehen ist." Dasselbe trifft auch bei der schriftlichen Form zu.

[2] § 2166 ff.

[3] § 2168. Vgl. auch für das ältere Recht: Carpzow, a. a. O. p. 3. const. 1. def. 25. 38; Schwarze, in Z. f. R. N. F. 1, 144.

[4] § 2171. 2181. 2004. [5] § 2182. 2183. 2185. [6] § 2170.

der ganzen Erbschaft steht. Anders würde der Fall liegen, wenn Jemand mit den gesammten beweglichen Gegenständen auf den Todesfall beschenkt wäre, und bezüglich der Immobilien träte gesetzliche Erbfolge ein;[1] hier würden richtiger die gesetzlichen Erben als zur Erbschaft mit Ausschluß der bestimmten Gegenstände — im vorliegenden Falle der gesammten Mobilien — berufen anzusehen sein.

II. Ist durch die Schenkung auf den Todesfall Erbeinsetzung begründet worden, so treten auch die Folgen der Erbeinsetzung in vollem Umfange ein. Zum Erwerbe einer solchen Schenkung auf den Todesfall ist vor allen Dingen die Erklärung, beschenkt sein zu wollen, erforderlich.[2] Die Antretung hat in der Regel durch ausdrückliche Erklärung zu erfolgen; aus Handlungen, welche der Beschenkte in Beziehung auf die Schenkung vornimmt, ist sie nur zu folgern, wenn diese Handlungen nicht anders als dadurch zu erklären sind, daß der Beschenkte den Willen, beschenkt sein zu wollen, gehabt habe; aus der Anerkennung der Schenkung auf den Todesfall und aus Handlungen, welche die Aufbewahrung, Erhaltung, Ausmittelung der Schenkung betreffen, sowie aus der Fürsorge für das Begräbniß des Schenkers an sich allein kann eine Antretung nicht abgeleitet werden.[3]

Eine vor dem Tode des Schenkers abgegebene Erklärung ist ebenso, wie eine an Bedingungen oder Zeitbestimmungen geknüpfte Erklärung wirkungslos.[4] Die Annahme eines Theiles der Schenkung gilt als Annahme des Ganzen.[5] Ist Jemand auf einen Theil des Nachlasses unbedingt, auf einen anderen mit einer aufschiebenden Bedingung von Todeswegen beschenkt, so kann er den einen oder den anderen Theil oder beide antreten; ein Mitbeschenkter, der gleichzeitig bezüglich eines Mitbeschenkten Nachbeschenkter ist, darf die Schenkung, wenn er sie als Beschenkter ausgeschlagen hat, doch noch als Nachbeschenkter annehmen, und ebenso umgekehrt dieselbe als Nachbeschenkter ausschlagen, wenn er sie als Beschenkter angenommen hat.[6] Die einmal erfolgte Annahme ist übrigens unwiderruflich.[7]

Der Beschenkte darf, wenn er als Erbe zu betrachten ist, die Schenkung sofort antreten;[8] es greift jedoch die auf dem deutschrechtlichen Institute des dreißigsten Tages beruhende Vorschrift Platz, daß Personen, welche mit

[1] § 2171. 2172. 2181.

[2] § 2250. 2294. Die Ausnahme des römischen Rechts für die sui besteht nach dem B. G. B. nicht. Vgl. Annal. 2. F. 1, 106 ff.

[3] § 2252. 2253. [4] § 2251. 2254. 2256. [5] § 2255. [6] § 2262. 2263.

[7] § 2257. 2260. [8] § 2009. 2010.

dem Schenker bis zu seinem Tode in häuslicher Gemeinschaft und auf seine Kosten lebten, befugt sind, bis zum dreißigsten Tage nach dem Tode des Schenkers in dem Gebrauche der Wohnung und des Hausrathes zu bleiben und den Unterhalt für Rechnung des Beschenkten zu beziehen.[1]

Für die Annahmeerklärung kann eine Frist entweder durch den Schenkgeber,[2] oder auf Antrag der Gläubiger, Vermächtnißnehmer ingleichen derjenigen, welche nach dem Wegfalle des als Erben zu betrachtenden Beschenkten zur Erbfolge berechtigt sind, durch den Richter[3] bestimmt werden; ist dies nicht geschehen, so wird die Frist vom Gesetze auf ein Jahr normirt.[4] In den beiden ersten Fällen gilt die Schenkung, wenn die Antretung innerhalb der bestimmten Frist nicht erklärt ist, als ausgeschlagen, im letzteren Falle dagegen als angenommen.[5] Stirbt der Beschenkte während der Deliberationsfrist, so geht sein Recht auf die Erben über.[6] Bei einer vom Gerichte angeordneten Ueberlegungszeit ist den Erben eine anderweite Frist nach denselben Grundsätzen zu bestimmen; der vom Erblasser festgesetzte Zeitraum läuft dagegen weiter und die Schenkung gilt auch von Seiten der Erben des Beschenkten ausgeschlagen, wenn sie nicht ihre Annahme inzwischen erklärt haben; stirbt der Beschenkte innerhalb des gesetzlichen Jahres, so läuft seinen Erben ein Jahr von der Zeit an, wo sie sowohl von dem ihrem Erblasser — dem Beschenkten —, als auch von dem ihnen geschehenen Anfalle Kenntniß erlangt haben.[7]

Selbstverständlich kann der Beschenkte die Schenkung ausschlagen. Es gelten hierfür im Allgemeinen dieselben Regeln, wie für die Annahmeerklärung.[8] Wird die Schenkung auf den Todesfall ausgeschlagen, so sind die Folgen dieselben, als wenn der Beschenkte vor dem Schenker gestorben wäre.[9] Sind zunächst keine Nachbeschenkten vorhanden, die, wenn sie noch lebten, berufen sein würden, oder fällt das Geschenkte nicht etwaigen Mitbeschenkten Kraft des Anwachsungsrechtes zu, so ist die Schenkung auf den Todesfall überhaupt hinfällig, und es tritt Intestaterbfolge ein. Ist der Ausschlagende selbst Intestaterbe, so fällt die Schenkung an denjenigen, welcher zur Zeit des Anfalls der Schenkung der nächste Intestaterbe des Schenkgebers war, wobei jedoch für die Abkömmlinge des Ausschlagenden der § 2261 Anwendung erleidet.

Mit der Antretung der Schenkung auf den Todesfall geht Alles, was zur Erbschaft gehört, mit demselben Rechte, wie es der Schenker besaß, auf den Beschenkten über, ebenso aber auch alle Lasten und Verbind-

---

[1] § 2249. [2] § 2264. [3] Nicht unter zwei Monaten § 2266. [4] § 2265. [5] § 2264—2266. [6] § 2010. [7] § 2264 a. E.; 2265 a. E.; 2267. [8] § 2258. 2251—2256. 2260. [9] § 2261.

lichkeiten des Schenkers, mit Ausnahme der rein persönlichen Rechte und Verbindlichkeiten desselben.[1] Wenn zum Erwerbe gewisser Sachen und Rechte, sowie zur Verfügung darüber Eintragung in das Grund- und Hypothekenbuch erforderlich ist, so bedarf derselben auch der als Erbe zu betrachtende Beschenkte. Zur Erleichterung des Verkaufes von Nachlaßgrundstücken hat aber das bürgerliche Gesetzbuch die Bestimmung getroffen, daß, wenn ein Grundstück vermöge letztwilliger Verfügung — also auch Schenkung auf den Todesfall — auf einen oder auf einige unter mehreren Erben übergeht, oder wenn Erben ein erbschaftliches Grundstück mit „keinen anderen Schulden, als mit solchen, welche bei der Antretung darauf haften, veräußern", es dann einer Zwischeneintragung der Erben zum Eintrage des Erwerbers nicht bedarf.[2] Hier entsteht allerdings die in der Praxis verschiedenfach beantwortete Frage: Bezieht sich diese Bestimmung bloß auf die Erben eines eingetragenen Eigenthümers oder auch auf die Erben eines nicht eingetragenen Erben?[3] Jemand stirbt und hinterläßt seinen Sohn als alleinigen Erben; dieser versäumt, seine Eintragung als Eigenthümer herbeizuführen, und stirbt mit Hinterlassung eines Erben; letzterer will das Grundstück veräußern. Hat er zunächst einen Zwischeneintrag für sich bewirken zu lassen oder nicht? Ich glaube, daß in der That hier ein Zwischeneintrag gefordert werden muß. Der § 2286 hat offenbar nur eine Erleichterung des Verkaufs von Nachlaßgrundstücken, namentlich auch zum Zwecke der Nachlaßregulirung herbeiführen wollen, um den in solchen Fällen ganz unnöthigen Eintrag mit seinen Weitläufigkeiten und Kosten zu ersparen. Wir haben es hier mit regelwidrigem Rechte zu thun, und darauf bezügliche Bestimmungen sind strikt zu interpretiren; daß man den Erben nicht überhaupt von der Verpflichtung, sich eintragen zu lassen, hat entbinden wollen, geht schon aus der Strafbestimmung der Verordnung, das Verfahren in nicht streitigen Rechtssachen betreffend, vom 9. Januar 1865 hervor.[4]

Die Wirkungen der Antretung der Schenkung auf den Todesfall äußern sich namentlich in der Haftung des Beschenkten für die Erbschaftsschulden. Der Beschenkte repräsentirt, wenn er als Erbe angesehen werden muß, ebenso wie dieser den Erblasser.[5] Die Haftung für die Schulden

---

[1] § 2281. 2282. 2284. [2] § 2286.

[3] Die Abhandlung von Siegmann, „Ueber die Erbfolge als Rechtsgrund zur Eintragung in das Grund- und Hypothekenbuch," in Annal. N. F. 7, 241 ff. 8, 193 ff. berücksichtigt diesen Fall nicht.

[4] § 197.

[5] Es bedarf also nach sächsischem Rechte nicht des in § 953 des österreichischen

geht jedoch nach sächsischem Recht niemals ultra vires hereditatis.[1] Das beneficium inventarii, insoweit solches für das sächsische Recht überhaupt noch von Bedeutung ist,[2] kann ebenfalls dem auf den Todesfall Beschenkten nicht versagt werden. Auf der anderen Seite muß auch den Gläubigern, Vermächtnißnehmern und Anwärtern, welche letztere auch auf den Todesfall Beschenkte sein können, die Befugniß zugestanden werden, einem durch Schenkung auf den Todesfall eingesetzten Erben gegenüber die Absonderung des Nachlasses von dem Vermögen des Beschenkten zu beantragen, wenn ihnen aus der Vermischung der verschiedenen Vermögensmassen Nachtheil droht.[3] Bleibt dann nach Befriedigung der Erbschaftsgläubiger, Vermächtnißnehmer und Anwärter von der abgesonderten Schenkungsmasse etwas übrig, so erhält diesen Ueberschuß der Beschenkte.[4] Die Absonderung findet übrigens nur statt, solange aus der Schenkung noch etwas beim Beschenkten vorhanden und solange eine die Absonderung unmöglich machende Vermischung der Schenkung auf den Todesfall mit dem Vermögen des Beschenkten noch nicht eingetreten ist.[5]

Die quarta Falcidia ist dem bürgerlichen Gesetzbuche unbekannt.[6]

Der Abschnitt des bürgerlichen Gesetzbuches über Eröffnung, Bekanntmachung und Vollziehung letzter Willen — auch für die Schenkung auf den Todesfall kann vom Schenker ein Vollzieher bestellt werden — ist ebenfalls auf diese Art der Schenkung auf den Todesfall auszudehnen.[7]

Sind mehrere auf den Todesfall Beschenkte als Miterben zu betrachten, so tritt, da der Satz des römischen Rechtes „nemo pro parte testatus etc." nach dem bürgerlichen Gesetzbuche nicht gilt, ein Anwachsungsrecht nur ein, wenn aus der Art und Weise der Schenkung die Annahme gerechtfertigt erscheint, eine Anwachsung habe in der Absicht des Schenkgebers gelegen, der ja das Anwachsungsrecht überhaupt verbieten kann.[8] Eine Anwachsung findet z. B. statt, wenn mehrere mit der ganzen Erbschaft oder mit einem ideellen Theile beschenkt sind ohne Angabe, wieviel ein Jeder erhalten soll, und einer oder mehrere wegfallen.[9]

Dagegen kann von einer Collationspflicht der auf den Todesfall Beschenkten, welche als Miterben zu betrachten sind, keine Rede sein, weil die

---

bürgerlichen Gesetzbuches (Unger, a. a. O. 2, 211. § 97) gedachten Mittels, um die Gläubiger des Schenkgebers zu sichern.

[1] § 2328. Annal. 2. F. 1, 204. 3, 296. [2] § 2331. 2332.

[3] § 2333. 2334. 2338. 2340. 2342. [4] § 2340. [5] § 2341.

[6] Vgl. Specielle Motive S. 913. Für das ältere sächsische Recht (const. 1. p. 3) vgl. oben S. 9.

[7] § 2223—2245. [8] § 2276. [9] § 2269. Andere Fälle: § 2270. 2271.

Collationspflicht nach dem bürgerlichen Gesetzbuche bloß für die Descendenten gilt, welche kraft gesetzlicher Erbfolge ihre Ascendenten gemeinschaftlich beerben.[1] Der Unterschied zwischen Schenkungen unter Lebenden und den von Todeswegen zeigt sich für den Fall der Collationspflicht insofern von Bedeutung, als nur die ersteren der Collationspflicht unterliegen.[2]

Durch Schenkung auf den Todesfall eingesetzte Miterben haben die Erbtheilungsklage, vermöge deren die Theilung der durch die Schenkung erworbenenen Erbschaft, soweit sie gemeinschaftlich ist und nicht gemeinschaftlich bleiben soll, verlangt werden kann. Diese Klage richtet sich im Allgemeinen nach den Grundsätzen der Theilungsklage,[3] welche auch im Falle des § 2348 überhaupt Anwendung erleidet. Die Theilung selbst kann gerichtlich oder außergerichtlich geschehen; gerichtlich muß sie erfolgen, wenn ein Mitbeschenkter darauf anträgt, oder Bevormundete betheiligt sind.[4]

Die Vorschriften über die Indignität[5] finden auch auf den durch Schenkung auf den Todesfall eingesetzten Erben Anwendung. Indignitätsgründe sind: vorsätzliche Tödtung des Schenkers, Unfähigmachung zur Errichtung eines letzten Willens, Einwirkung auf die letztere durch Zwang oder Irrthumserregung, Unterdrückung oder Fälschung der die Schenkung enthaltenden Urkunde.

Seine Rechte hat der Beschenkte mit der Erbschaftsklage geltend zu machen, und zwar ohne Unterschied, ob er alleiniger Erbe oder nur Miterbe geworden ist.[6] Diese Klage geht auf Anerkennung des durch die Schenkung auf den Todesfall erworbenen Erbrechtes und Herausgabe der Erbschaft gegen Jeden, welcher sich für seinen Besitz auf ein ihm angeblich zukommendes Erbrecht beruft, oder sich die Erbschaft ganz oder theilweise ohne einen Rechtsgrund anmaßt.[7]

Ueber das Verhältniß der Klage auf Herausgabe einzelner erbschaftlicher Gegenstände zur Erbschaftsklage sind die § 2318—2321 maßgebend.

Neben der Erbschaftsklage besitzt der auf den Todesfall Beschenkte ein provisorisches Rechtsmittel. Er kann, wenn er durch eine äußerlich fehlerlose schriftliche Schenkung auf den Todesfall sein Erbrecht darthut,

---

[1] § 2354. 2371. Annal. 2. F. 1, 286 ff.

[2] § 2356. Für das römische Recht vgl. Cohen, a. a. O. S. 157.

[3] § 340. 365. 2343.

[4] § 2349. — Im Uebrigen sei auf die §§. 2343—2353 verwiesen.

[5] § 2277—2280. Für das römische Recht vgl. Cohen, a. a. O. S. 158. [6] § 2293.

[7] Für diese Klage gelten im Allgemeinen die Vorschriften über die Eigenthumsklage (§ 2291), rücksichtlich des Beweises und der Beweislast die §§ 2294. 2295—2300, bezüglich des Gegenstandes die §§ 2301—2307.

verlangen, ohne weitere Untersuchung in den Besitz der durch die Schenkung ihm zugefallenen Erbschaft eingesetzt zu werden.[1]

Der durch Schenkung auf den Todesfall zum Erben Berufene darf selbstverständlich die Erbschaft oder den ihm geschenkten ideellen Theil derselben veräußern. Der Erwerber gilt dann unter den Contrahenten als Erbe; er hat die Erbschafts- und Erbtheilungsklage, und kann Erbschaftsforderungen, wie cedirte, geltend machen. Bezüglich der Forderungen der Erbschaftsgläubiger, der Vermächtnißnehmer uud Anwärter haftet er nach den Grundsätzen über die Schuldübernahme, diesen Personen gegenüber ist er ja nicht als Erbe zu betrachten.[2]

Kurz soll noch erwähnt werden, daß die Deckung des Pflichttheiles auch durch Schenkung auf den Todesfall erfolgen kann.[3]

Andererseits ist es auch denkbar, daß durch die Schenkung auf den Todesfall unter Umständen ein Pflichttheilsrecht verletzt wird. Der Pflichttheilsberechtigte ist dann befugt, die seinen Pflichttheil verletzende Schenkung auf den Todesfall soweit anzufechten, als sein Pflichttheil verletzt ist, und zwar ohne Unterschied, ob er gänzlich übergangen oder ohne gesetzlichen Grund enterbt ist, oder nur weniger als sein Pflichttheil erhalten hat.[4]

Der Begriff der Schenkung unter Lebenden in seiner Abgrenzung gegenüber dem Begriffe der Schenkung auf den Todesfall zeigt sich hier insofern von Wichtigkeit, als dem durch Schenkungen unter Lebenden in seinem Pflichttheile Verletzten das Recht zusteht, unter bestimmten Umständen solche Schenkungen anzufechten (querela inofficiosae donationis des römischen Rechtes).[5]

III. Kann der auf den Todesfall Beschenkte nach den obigen Ausführungen nur als Vermächtnißnehmer angesehen werden, so greifen von dem Vorstehenden abweichende Grundsätze Platz.

Der Beschenkte ist nur befugt sein Recht gegenüber dem eingesetzten Erben, der also auch durch Schenkung auf den Todesfall berufen sein kann, geltend zu machen, oder gegen den Intestaterben, wenn ein berufener beziehungsweise belasteter Universalsuccessor nicht vorhanden ist, oder ein solcher wegfällt; im letzteren Falle ist anzunehmen, daß der Schenker beziehungsweise Erblasser die Entrichtung der ohne Bezeichnung eines anderen noch vorhandenen Beschwerten angeordneten Vermächtnisse seinen gesetzlichen Erben auferlegt hat.[6]

---

[1] § 2323. [2] Vgl. § 2372—2381. [3] § 2583.
[4] § 2600. § 2589. 2586. Vgl. überhaupt die §§. 2583 ff. [5] § 2603—2613.
[6] § 2386. 2395. In diesem Punkte weicht das bürgerliche Gesetzbuch von dem römischen Rechte ab. Es war daher nur vom Standpunkte des römischen Rechtes aus rich-

Auch der als Vermächtnißnehmer zu betrachtende Beschenkte kann mit einer Auflage belastet sein; dann ist er aber nur verpflichtet, die Auflage bis zum Betrage des Geschenkten zu erfüllen,[1] denn Niemand kann weiter beschwert werden, als der Vortheil reicht, welchen er auf den Todesfall erhält.[2] Der Erwerb einer ihren Wirkungen nach dem Vermächtnisse gleich zu erachtenden Schenkung auf den Todesfall vollzieht sich ipso iure. Der Bedachte erwirbt die Schenkung auf den Todesfall mit dem Tode des Schenkers, ist die Schenkung aber von einer suspensiven Bedingung oder Zeitbestimmung abhängig gemacht, erst mit dem Eintritt der Bedingung oder des Zeitpunktes,[3] — bei suspensiven negativen Potestativbedingungen dagegen in bestimmten Fällen gegen Sicherheitsleistung sofort.[4] Nicht bedarf es, wie bei der durch Schenkung begründeten Universalsuccession, einer ausdrücklichen Annahmeerklärung.

Eine Ausschlagung der Schenkung ist selbstverständlich möglich,[5] eine theilweise Annahme oder Ausschlagung der Schenkung aber wirkungslos.[6] Eine einmal angenommene Schenkung kann nicht wieder ausgeschlagen werden.[7]

Gefordert werden kann die als Vermächtniß zu betrachtende Schenkung von dem beschwerten Erben — also auch von einem durch Schenkung auf den Todesfall berufenen Erben — sofort nach Antritt der Erbschaft beziehungsweise der Schenkung auf den Todesfall, jedoch nicht vor Ablauf eines Monats nach dem Tode des Schenkers. Ist dagegen ein Vermächtnißnehmer — der auch auf den Todesfall Beschenkter sein kann — mit einer als Vermächtniß zu betrachtenden Schenlung beschwert, so darf die letztere sofort von ihm verlangt werden, wenn er seine eigenen Rechte geltend zu machen in der Lage ist.[8]

Ein Anwachsungsrecht steht mehreren Mitbeschenkten nur in bestimmten Fällen zu. Hierzu gehört es z. B., wenn dieselbe Schenkung Mehreren in getrennten Sätzen oder in einem Satze ohne Angabe des auf Jeden entfallenden Theiles hinterlassen ist.[9] Kein Anwachsungsrecht tritt da-

---

tig, als Hänel am 30. April 1861 in der ersten Kammer (Mittheilungen vom Landtage. 1860/61. Erste Kammer. S. 1216) bemerkte: „Sie (sc. die Schenkung auf den Todesfall) ist mithin eine Gabe aus dem Vermögen eines Lebenden, nicht aus der Erbschaft, welche außer dem Todesfall noch einen Erben voraussetzt. Darin liegt nun aber der praktische Unterschied, daß, wenn ein Testament destituirt wird, die Schenkung auf den Todesfall in Kraft bleibt." Für das römische Recht vgl. Schröter, a. a. O. S. 97 ff.; Savigny, a. a. O. 4, 259.

[1] § 2440. [2] § 2388. 2389. [3] § 2426. [4] § 2147. [5] § 2427. [6] § 2428. [7] § 2430. [8] § 2437. 2438.

[9] § 2431. 2432. Für das römische Recht sind in dieser Hinsicht zu vergleichen: l. 4. C. h. t.; l. un. § 14 C. de caducis tollendis. 6, 51.

gegen ein, wenn mehrere Beschenkte zwar in einem Satze verbunden, aber nicht mit demselben Geschenke, — oder mit demselben Geschenke, aber unter Angabe des von Jedem zu fordernden Theiles bedacht sind.[1] Ueberhaupt ist das Akkrescenzrecht ausgeschlossen, wenn zu vermuthen ist, daß eine Anwachsung nicht in der Absicht des Schenkenden gelegen habe; letzterer ist ja hier, wie bei der als Erbeinsetzung zu behandelnden Schenkung auf den Todesfall, in der Lage eine Anwachsung zu verbieten.[2]

Der gewöhnlichste Fall dieser Schenkung von Todeswegen wird derjenige sein, daß eine dem Stücke nach bestimmte Sache oder ein Recht an einer Sache geschenkt wird. Gehört das Objekt dem Schenker zur Zeit des Todes eigenthümlich, so geht das Eigenthum sofort auf den Beschenkten über; ebenso erwirbt derselbe das Recht an der Sache, sei es nun, daß es sich um ein vom Schenker bestelltes Recht an eigener Sache oder um ein dem Schenker bereits zustehendes übertragbares Recht an fremder Sache handelt. Ist übrigens zum Erwerbe des Eigenthümers oder des Rechtes Eintragung im Grund- und Hypothekenbuche erforderlich, so ist der auf den Todesfall Beschenkte davon nicht befreit. Doch steht auch ihm das Privileg des § 2286[3] zur Seite.[4] Gehört der geschenkte Gegenstand dem Beschwerten, so hat der Beschenkte das Recht, von Ersterem die Eigenthumsübertragung zu fordern, und zwar ohne Unterschied, ob der Schenker diesen Gegenstand irrthümlich für den seinigen gehalten oder das Recht des Beschwerten gekannt hat. Ist dagegen ein weder dem Schenker noch dem Beschwerten gehöriges Objekt geschenkt, so ist die Schenkung nichtig, wenn sie nicht mit ausdrücklichem Bewußtsein vom Sachstande errichtet wurde; im letzteren Falle ist der Beschwerte verpflichtet, diesen Gegenstand für den Beschenkten anzuschaffen, eventuell, wenn die Anschaffung (auch wegen zu hohen Preises) unmöglich ist, den Werth zu gewähren.

Ueber die Schenkung eines dem Beschenkten gehörigen Gegenstandes vgl. § 2461 ff.

Ist eine Gesammtsache oder ein Inbegriff von Sachen auf den Todesfall geschenkt, so greifen die für derartige Vermächtnisse bestehenden Auslegungsgrundsätze Platz.[5]

Hat der Schenker eine Sache aus einer Gattung geschenkt, so wählt der Beschwerte, darf dabei aber keinen Gegenstand unter mittlerer Beschaffenheit nehmen. Es kommt, wenn nicht ausdrücklich etwas Anderes bestimmt ist, nicht darauf an, ob Gegenstände dieser Gattung im Nach-

[1] § 2434. 2435. [2] § 2436. [3] Vgl. oben S. 51. [4] Vgl. auch noch § 2451 ff.
[5] § 2463—2466.

lasse vorhanden sind; ist die Schenkung dagegen auf im Nachlasse befindliche Objekte einer Gattung beschränkt, so ist sie ungültig, wenn solche Gegenstände beim Tode des Schenkers nicht vorhanden sind.[1]

Auch der Lebensunterhalt und eine Leibrente können Gegenstand einer Schenkung auf den Todesfall sein,[2] desgleichen eine Ausstattung.[3] Diese Fälle bieten kein besonderes Interesse.

Wird eine Forderung auf den Todesfall geschenkt, so ist zu unterscheiden, ob die Forderung dem Schenker oder dem Beschwerten zustand. Im ersteren Falle geht die Forderung wie kraft Cession auf den Beschenkten über; im anderen Falle ist der Beschwerte verpflichtet, sie zu cediren oder, wenn sie noch nicht bestand, dem Beschenkten zu verschaffen. Ist dem Beschenkten dasjenige geschenkt, was er einem Dritten schuldet, so hat ihn der Beschwerte von der Schuld zu befreien; erhält er dagegen dasjenige, was er zu fordern hat, so ist der dritte Schuldner liberirt, wenn der Beschenkte das Geschenk vom Beschwerten erhält; hat der Schenker etwas geschenkt, was er dem Beschenkten schuldete, so ist der Beschwerte zur Tilgung der Schuld, unter Wegfall aller Einreden, Bedingungen u. s. w. verpflichtet.[4]

Eine Schenkung auf den Todesfall, die in den Wirkungen als Wahlvermächtniß zu behandeln ist, liegt dann vor, wenn mehrere Gegenstände wahlweise auf den Todesfall geschenkt sind. Der Schenker kann bestimmen, ob der Beschenkte, der Beschwerte oder ein Dritter die Wahl treffen solle; im Zweifel steht das Wahlrecht dem Beschwerten zu.[5]

IV. Ist durch die Schenkung auf den Todesfall Erbanwartschaft begründet worden, so erwirbt der Erbe zwar an den Erbschaftsgegenständen Eigenthum, aber seine Befugnisse sind durch die Anwartschaft beschränkt.[6] So darf er, wenn ihm nicht das Gegentheil ausdrücklich gestattet ist, oder andere gesetzliche Gründe vorliegen, Erbschaftsgegenstände nicht veräußern; er hat das Ererbte dem Schenkungsanwärter zu hinterlassen oder herauszugeben.

Mit der Herausgabe tritt der Anwärter an die Stelle des Beschenkten. Ihm stehen die Erbschaftsklage, die Erbtheilungsklage und die Klagen wegen der einzelnen erbschaftlichen Gegenstände zu; auf der anderen Seite vertritt er den Schenkgeber den Gläubigern gegenüber, und diese

---

[1] § 2467—2469. [2] § 2472—2476. [3] § 2489—2492. [4] § 2477—2488.

[5] § 2494. 2495. 2493. — Vgl. weiter § 2497. 2498.

[6] Diese Beschränkung wird bei unbeweglichen Sachen im Grundbuche eingetragen, § 2514. Natürlich kann der Schenker auch die freie Verfügung gestatten; dann steht dem mit der Anwartschaft Beschwerten das Recht der Verfügung unter Lebenden, nicht dagegen von Todeswegen zu; das Gleiche ist der Fall, wenn die Anwartschaft auf das beim Tode des Beschenkten Vorhandene beschränkt ist (§ 2522).

haben nach der Herausgabe der Schenkung sich nur an den Schenkungsanwärter zu halten.[1]

Ueber die Wirkung der als Vermächtnißanwartschaft zu behandelnden Schenkung auf den Todesfall ist etwas Besonderes nicht zu bemerken.

Was die durch Schenkung auf den Todesfall begründete Familienanwartschaft betrifft, so gelten alle zur gesetzlichen Erbfolge berechtigten Verwandten der bestimmten Familie mit Ausnahme der Adoptirten zur Schenkung berufen, und die nächsten gesetzlichen Verwandten des jedesmaligen Inhabers erhalten die Schenkung, wenn letzterer stirbt.[2] Im Allgemeinen gelangen für diese Art der Schenkung auf den Todesfall die für Erb- und Vermächtnißanwartschaft geltenden Vorschriften zur Anwendung.[3] Eine Aufhebung oder Abänderung einer solchen durch Schenkung auf den Todesfall begründeten Familienanwartschaft ist unter bestimmten Voraussetzungen den Betheiligten gestattet; der letzte Inhaber erhält das Recht freier Verfügung über den Gegenstand der Anwartschaft.[4]

V. Die Wirkung der Gleichstellung der Schenkung auf den Todesfall mit den letztwilligen Verfügungen äußert sich auch bezüglich der Aufhebung der errichteten Schenkung.

Die Schenkung kann gleich von vornherein nichtig sein; so z. B. wenn sie von einer nach den oben dargestellten Grundsätzen als unfähig zu betrachtenden Person errichtet worden ist;[5] oder wenn der Schenker zu derselben gezwungen wurde oder im Irrthume befangen war;[6] ebenso, wenn die Schenkung von der Willkür des mit derselben Beschwerten abhängig gemacht wurde,[7] oder wenn der geschenkte Gegenstand dem Verkehre entzogen war[8] u. s. w.; einen der wesentlichsten Gründe bildet ein Mangel in der Form.[9]

Die Schenkung kann aber auch hinterher ihre Wirksamkeit verlieren. Dies ist z. B. der Fall bei einer in der außerordentlichen Form des testamentum tempore pestis conditum errichteten Schenkung auf den Todesfall, wenn der Schenker neunzig Tage nach Wegfall des Grundes der außerordentlichen Form verstirbt.[10] Wird von zwei korrespektiven Schenkungen auf den Todesfall die eine widerrufen, so fällt auch die andere fort.[11] Schenkungen, die als Vermächtnisse zu behandeln sind, gelten mit dem sie enthaltenden letzten Willen — der auch Schenkung auf den Todesfall sein

---

[1] Vgl. § 2509—2524. [2] § 2527. 2528. [3] § 2529. [4] § 2538—2540.
[5] § 2066 ff. — Vgl. oben S. 35 ff. [6] § 2078 ff. [7] § 2124. [8] § 2408.
[9] Vgl. z. B. § 2116 a. E. [10] § 2114. Vgl. oben S. 41.
[11] § 2214.

kann — als aufgehoben;[1] sie fallen ferner weg, wenn der geschenkte Gegenstand zu Lebzeiten des Schenkers untergeht.[2]

Wie jede letztwillige Verfügung fällt die Schenkung auf den Todesfall zusammen, wenn der Beschenkte vor dem Schenker stirbt, oder letzterer die bestimmte Lebensgefahr übersteht, und bedarf es in solchem Falle nicht erst noch eines besonderen Widerrufs.[3]

Wie bereits bemerkt, kann der Beschenkte die Schenkung, mag sie Erbeinsetzung, Vermächtniß oder Anwartschaft enthalten, ausschlagen.

Eine Schenkung auf den Todesfall kann vom Schenkgeber, wie jede letztwillige Verfügung, widerrufen werden, selbst wenn derselbe sie für unwiderruflich erklärt hat.[4]

Der Widerruf ist an die Form des letzten Willens geknüpft, wobei jedoch nicht dieselbe Form, wie sie bei der Errichtung der Schenkung zur Anwendung gelangte, erfordert wird,[5] noch auch die Beobachtung derjenigen Form, welche der Schenker sich selbst vorgeschrieben hat.[6]

Hinsichtlich des Widerrufes unterscheiden sich Schenkung von Todeswegen und unter Lebenden in bedeutender Weise.

Bei der Schenkung von Todeswegen ist ein Widerruf vollkommen frei zulässig; die Schenkung unter Lebenden kann nur widerrufen werden, wenn dem Beschenkten ein „Undank" zur Last fällt und ein solcher Undank wird angenommen, wenn der Beschenkte dem Leben des Schenkers nachstellt, denselben thätlich mißhandelt, gröblich beleidigt, oder ihm absichtlich einen bedeutenden Vermögensverlust verursacht.[7]

Das Widerrufsrecht der Schenkung unter Lebenden ist verjährbar, weil es an einen speciellen Grund gebunden ist; das Widerrufsrecht der Schenkung von Todeswegen dagegen nicht.[8]

Der Widerruf der Schenkung auf den Todesfall ist an eine bestimmte Form geknüpft,[9] was bei der Schenkung unter Lebenden nicht der Fall ist.

---

[1] § 2412. [2] § 2419. Vgl. auch § 2421. 2422.

[3] § 2008. 2423. Für das römische Recht vgl. l. 13. § 1. l. 23. l. 44. l. 35. § 3. 4. D. h. t.; Schröter a. a. O. S. 110.

[4] § 2211. [5] § 2212.

[6] § 2211 a. E. Für die Form des Widerrufes einer als Vermächtniß anzusehenden Schenkung vgl. unten.

[7] § 1059.

[8] Der Widerruf verjährt in einem Jahre von der Kenntniß des Widerrufsgrundes an gerechnet. § 1063.

[9] Nach römischem Rechte war dies nicht Rechtens, vgl. l. 30. D. h. t.; Schröter,

Bei der Schenkung unter Lebenden findet ein Widerruf auch noch dann statt, wenn die Schenkung schon erworben ist, während dies bei der bereits — also nach erfolgtem Tode des Schenkers — erworbenen Schenkung auf den Todesfall nicht möglich ist, denn das Widerrufsrecht der letzteren geht nicht wie bei der Schenkung unter Lebenden unter gewissen Umständen [1] auf die Erben des Schenkers über. Auch diese Eigenthümlichkeit der Schenkung auf den Todesfall ist als eine Wirkung der Gleichstellung mit den letztwilligen Verfügungen zu betrachten.[2] Auf das Recht des Widerrufes einer Schenkung von Todeswegen kann rechtsgültig nur in der Form eines Erbvertrages verzichtet werden.[3]

Der Widerruf kann ausdrücklich erklärt werden oder sich aus konkludenten Handlungen ergeben. Die ausdrückliche Erklärung ist — wie bereits bemerkt — an die Form des letzten Willens gebunden;[4] selbstverständlich darf sie auch in einer späteren Schenkung auf den Todesfall beziehungsweise in einem letzten Willen ausgesprochen werden; sie behält in solchem Falle sogar ihre Wirkung, wenn auch die übrigen Bestimmungen der späteren Verfügung fortfallen.[5] Auch in einer als Erbvertrag zu behandelnden Schenkung auf den Todesfall kann der Widerruf ausdrücklich ausgesprochen sein.[6] Ist die Schenkung auf den Todesfall als Vermächtniß anzusehen, so kann sie sowohl unter Beobachtung der Errichtungsformalitäten, als durch Erklärung vor Gericht oder vor zwei fähigen Zeugen widerrufen werden; hier ist sogar ein formloser Widerruf gestattet, wenn sich der Schenker dieses Recht vorbehalten hat.[7]

Als konkludente Handlung, aus welcher ein Widerruf zu folgern sei, betrachtet das Gesetz unter Anderem, wenn der Schenker seine gerichtlich übergebene Schenkung auf Verlangen zurückerhält,[8] wenn er eine neue Schenkung errichtet, welche der früheren widerstreitet,[9] wenn er die Schen-

---

a. a. O. S. 147; Lauterbach, a. a. O. diss. cit. § 43. — Für das ältere sächsische Recht vgl. Mandat vom 30. März 1822. § 1 (Gesetzsammlung von 1822. S. 385 ff.). — Für das preußische Recht behaupten mit Recht Bornemann (Systematische Darstellung des preußischen Civilrechts. Berlin 1845. 3, 229); Koch (Commentar zu I, 11. § 1135. Note 50); Dernburg (a. a. O. 3, 423), die Nothwendigkeit der gerichtlichen Form. A. A. Förster, a. a. O. 2, 41.

[1] § 1060.

[2] Im römischen Rechte sagte man: Die Widerruflichkeit der Schenkung auf den Todesfall ist keine besondere Eigenthümlichkeit derselben, sondern erklärt sich aus der Absicht, in welcher der Schenker giebt. l. 1. l. 2. l. 35. § 2. D. h. t. § 1. J. 2, 7; Schröter, a. a. O. S. 108 ff. — Für das eigenthümliche preußische Recht vgl. I, 11. § 1135 des Allgemeinen Landrechts; auch Förster, a. a. O. 2, 40.

[3] § 2211. 2213. [4] 2212. [5] § 2217. [6] § 2218. [7] § 2413.
[8] § 2215. [9] § 2216.

kungsurkunde durchstreicht, durchschneidet oder sonst zerstört, oder seine darunter ersichtliche Unterschrift auslöscht.[1] Ist die Schenkung auf den Todesfall als Vermächtniß zu betrachten, so gilt sie unter Anderem als widerrufen, wenn der Schenker in einer der für den Widerruf vorgeschriebenen Formen den Gegenstand einem Anderen schenkt, oder den Beschwerten oder den Schenkungsgegenstand ändert;[2] ferner wenn er den Gegenstand veräußert,[3] oder der Schenkung nachträglich eine Nebenbestimmung beifügt. In letzterem Falle ist ein Widerruf insoweit anzunehmen, als die Schenkung nur gefordert werden kann, wenn die Bedingung eingetreten beziehungsweise die Auflage erfüllt ist.[4] Uebrigens ging das ältere sächsische Recht in der Annahme eines stillschweigenden Widerrufes einer Schenkung auf den Todesfall bedeutend weiter als das heutige Recht.[5]

§ 7.

Fortsetzung. II. Das angenommene Schenkungsversprechen auf den Todesfall.

Wird das Schenkungsversprechen von dem Beschenkten angenommen, so gelangen gemäß § 2501 die Vorschriften über den Erbvertrag bezüglich der Wirkungen zur Anwendung. Zu diesen Wirkungen gehört vor allen Dingen die Unwiderruflichkeit.[6]

Wenn es daher zwar gemeiniglich im Interesse des Beschenkten liegt, die Schenkung zu einem Erbvertrage zu stempeln, so ist jedoch hierfür sein Wille nicht der allein den Ausschlag gebende, denn zu der für das Zustandekommen eines Erbvertrages nöthigen Willensübereinstimmung ist vor Allem auch der Wille des Schenkenden, eine mit den Wirkungen des Erbvertrages, namentlich der Unwiderruflichkeit versehene Schenkung zu errichten, erfor-

---

[1] § 2219. Vgl. § 2220 für theilweise Vernichtung der Urkunde.

[2] § 2416.

[3] § 2418. Dasselbe gilt von Vernichtung, Umarbeitung und Umbildung der Sache. Vgl. § 2419.

[4] § 2417.

[5] Vgl. Berlich, a. a. O. p. 3. concl. 2. no. 43 ff. [z. B. wenn die auf den Todesfall beschenkte Ehefrau eine fremde Mannsperson küßte]; Carpzow, a. a. O. p. 3. const. 2. def. 10; Lauterbach, a. a. O. §§ 44. 45; Curtius, a. a. O. § 1348.

[6] Vgl. unten S. 63.

derlich, ganz abgesehen davon, daß es durchaus in dem Willen des Versprechenden liegt, die erforderliche Form zu wählen, auf deren Herstellung zu klagen der zu Beschenkende gemäß § 824 nicht in der Lage ist.

Es sind allerdings folgende Fälle möglich: Der Schenker will ein einseitiges Schenkungsversprechen im Sinne des § 2500 abgeben; der Beschenkte glaubt, ein dem § 2501 nachgebildetes Schenkungsversprechen zu vernehmen, und acceptirt dasselbe.

Hier kommt selbstverständlich ein Erbvertrag wegen Mangels der Willensübereinstimmung nicht zu Stande; das einseitige Schenkungsversprechen besteht dagegen zu Recht.

Eine andere Eventualität ist folgende. Der Schenker will eine Schenkung auf den Todesfall als Erbvertrag errichten, der Beschenkte acceptirt aus irgend einem Grunde nicht. Daß eine Schenkung im Sinne von § 2501 nicht zu Stande kommt, unterliegt keinem Zweifel; es entsteht aber die Frage, ob das Rechtsgeschäft nicht als einseitiges Schenkungsversprechen auf den Todesfall mit den Wirkungen einer letztwilligen Verfügung aufrecht erhalten werden könne.

Zunächst ist hier zu bemerken, daß die Absicht des Schenkers jedenfalls auf eine Schenkung von Todeswegen gerichtet gewesen ist; allerdings hat er dieselbe mit den Wirkungen des Erbvertrages verknüpfen wollen, aber auch ohne solche Wirkung ist doch ebenfalls eine Schenkung auf den Todesfall, also dasselbe Rechtsgeschäft vorhanden. Wenn man annimmt, daß er dieses Rechtsgeschäft mit bindenden, also für ihn ungünstigeren Wirkungen hat schließen wollen, so dürfte man es seinem Willen nicht besonders widerstrebend finden, wenn jetzt dasselbe Geschäft mit für ihn günstigeren Wirkungen zu Stande kommt. Eine Bejahung der aufgeworfenen Frage dürfte keinem Zweifel unterliegen, wenn der Schenker zwar an erster Stelle die Schenkung mit Erbvertragswirkungen hat versehen wollen, subsidiär aber auch ein einseitiges Schenkungsversprechen intendirt hat. Aus dem bloßen Umstande des erklärten Willens aber, eine Schenkung in Gestalt des Erbvertrages zu schließen, die eventuelle Gültigkeit eines einseitigen Schenkungsversprechens entnehmen zu wollen, dürfte doch zu weit gegangen sein. Denn genau betrachtet entspricht dieses Resultat dem Willen des Schenkers nicht; man muß sogar — wenn nicht etwas anderes nachweisbar ist — annehmen, daß der Schenker ausschließlich einen Erbvertrag gewollt hat, denn das Nächstliegende ist doch zu vermuthen, und man kann sich auch Fälle denken, in denen es gerade im Interesse des Schenkers liegt, die Schenkung nur in bindender Form zu errichten. Ist aber, wie bereits bemerkt, der Wille des Schenkers gleich von vornherein eventuell auf Errichtung einer einseitigen Schenkung gegangen, oder ein solcher Wille hat sich später in das Resultat hineingelegt, so dürfte die Schenkung als eine im Sinne des § 2500 zu Recht bestehende anzuerkennen sein, auch wenn der § 2547 bestimmt, daß ein Erbvertrag, welcher als solcher nicht gültig ist, nicht als letzter Wille aufrecht erhalten werden kann. Dieser Paragraph betrifft offenbar unsere Frage gar nicht; er bezieht sich vielmehr ausschließlich auf den Fall, wo nach der Intention des Erblassers nur die Errichtung eines Erbvertrages als die Voraussetzung der letztwilligen Zuwendung nachweisbar ist,[1] und auf die in den vorhergehenden Paragraphen erforderlichen, namentlich Form-Requisite, insoweit sie von den Erfordernissen für die Gültigkeit des letzten Willens abweichen.

Was die Wirkungen einer nach den Grundsätzen des Erbvertrages zu beurtheilenden Schenkung auf den Todesfall anlangt, so muß vor Allem hervorgehoben werden, daß der acquisitive Erbvertrag im heutigen sächsischen Rechte als ein selbständig neben Gesetz und letztem Willen stehender Delationsgrund gilt, der sich auf Erbrecht, Vermächtniß oder Anwartschaft beziehen kann.[2] Es greifen daher auch rücksichtlich der in ihren Wirkungen dem Erbvertrage gleichstehenden Schenkung auf den Todesfall bezüglich des Erwerbes des Geschenkten, insbesondere der Wirkung beigefügter Bedingungen,[3] rücksichtlich eines etwaigen Anwachsungsrechtes[4] die bereits oben bei Gelegenheit der einseitigen Schenkung auf den Todesfall dargestellten Grundsätze Platz.

Der Pflichttheilsberechtigte kann wie den seinen Pflichttheil verletzenden Erbvertrag, so auch die dem letzteren in ihren Wirkungen gleich zu haltende Schenkung auf den Todesfall anfechten.[5]

In der Regel gilt die in die Form des Erbvertrages gekleidete Schenkung auf den Todesfall als unwiderruflich.[6]

---

[1] Vgl. auch § 2079. [2] § 2542. [3] § 2549.

[4] § 2552. Für das ältere Recht vgl. Schwarze und Heyne, Untersuchung praktisch wichtiger Materien. Dresden und Leipzig 1847. S. 36 ff.

[5] § 2600.

[6] Im römischen und älteren sächsischen Rechte war man der Ansicht, eine Schenkung auf den Todesfall höre auf, eine solche zu sein, wenn der Schenker sich der Befugniß des willkürlichen Widerrufs ganz begebe. Vgl. gestützt auf l. 27. 32. 35 § 2. 42 § 1 D. h. t. Carpzow, a. a. O. p. 3. const. 1. def. 39; Lauterbach, a. a. O. § 34; Berger, a. a. O. th. 27. S. 204; Bauer, Opusc. S. 285; Haubold, Opusc. 1, 458 ff.; Thibaut, a. a. O. § 907; Mühlenbruch, a. a. O. § 769; Seuffert,

Eine das Geschenkte betreffende Verfügung von Todeswegen ist dem Schenker nicht gestattet. Dagegen behält er das Recht der freien Verfügung unter Lebenden;[1] auf diese letztere Befugniß kann gültig nur in der Form des Erbvertrages mit Bezug auf einzelne unbewegliche Gegenstände oder einzelne Forderungen verzichtet werden, wobei noch bei unbeweglichen Sachen und hypothekarischen Forderungen Eintragung im Grundbuche und bei anderen Forderungen Benachrichtigung der Schuldner verlangt wird.[2] Ist dem Schenkgeber das Recht des Widerrufes, was auch bei dieser Art von Schenkungen auf den Todesfall statthaft ist,[3] vorbehalten worden, so finden die Vorschriften über den Widerruf der wie eine letztwillige Verfügung zu behandelnden Schenkung Anwendung,[4] und zwar sowohl bezüglich des ausdrücklichen, wie des stillschweigenden Widerrufes. Als ein Fall des letzteren wird der dem § 2222 entsprechende § 2557 noch besonders hervorgehoben.

Die Aufhebung der einem Erbvertrage gleichstehenden Schenkung auf den Todesfall richtet sich nach den für Verträge geltenden Vorschriften.[5]

Der als Vertragserbe zu betrachtende Beschenkte hat, selbst wenn er mit Auflagen beschwert ist, das Recht, nach dem Tode des Schenkers das Geschenkte auszuschlagen, wenn er nicht auf dieses Recht verzichtet hat.[6] Stirbt ein auf den Todesfall Beschenkter vor dem Anfalle der Schenkung, so erlöscht dieselbe, ausgenommen, wenn bestimmt worden ist, daß sie auf die Erben des Beschenkten übergehen soll.[7] Wird von einer in die Form eines wechselseitigen Erbvertrages gekleideten Schenkung auf den Todesfall,

---

Archiv. 5, 131. 18, 37. 30, 46; vgl. auch Z. f. R. N. F. 1, 138. Anderer Ansicht sind mit Recht gestützt auf l. 13 § 1, l. 35 § 4. D. h. t. Nov. 87. pr. Schirach, a. a. O. § 4; Hasse, a. a. O. 2, 337; Savigny, a. a. O. 4, 241; Unger, a. a. O. § 77, Anm. 15, 16. — Eigenartig bestimmt das preußische Landrecht in I, 11. § 1135, daß der Widerruf ausdrücklich vorbehalten sein muß, widrigenfalls die Schenkung als eine unter Lebenden angesehen wird (§ 1134).

[1] § 2542. 2548. — Durch § 2542 ist eine bekannte Streitfrage zu Gunsten derjenigen (Eichhorn, a. a. O. § 344, Anm. e; Albrecht, Krit. Jahrbücher 1842, S. 340) entschieden worden, welche dem durch den Erbvertrag Gebundenen die Befugniß zu weiteren Verfügungen von Todeswegen absprachen, was Andere (Beseler, a. a. O. 2, 1. S. 251 ff. 264; Gerber, a. a. O. § 259. S. 721) demselben zugestehen wollten. Wie das sächsische bürgerliche Gesetzbuch übrigens auch das allgemeine preußische Landrecht I, 12. § 624—628; das österreichische bürgerliche Gesetzbuch § 1252; das privatrechtliche Gesetzbuch für den Kanton Zürich. § 2129. — Für das ältere sächsische Recht vgl. auch noch 13. Decis. von 1746.

[2] § 2548. [3] 2555.

[4] § 2555 mit § 2062. 2210. 2212. 2218. 2219 ff. — Vgl. auch oben S. 59 ff.

[5] § 2554. [6] § 2550. [7] § 2551.

bei welcher die beiden Schenkenden sich das Widerrufsrecht vorbehalten haben, die eine Schenkung widerrufen, so fällt die ganze Schenkung fort.[1] Ueber die Aufhebung dieser Schenkung auf den Todesfall durch Veräußerung des Gegenstandes zu Lebzeiten ist bereits oben gesprochen worden.

Wenn wir das im Vorstehenden entwickelte System der Schenkung auf den Todesfall nach heutigem sächsischen Rechte überblicken, so springen die Vorzüge desselben in die Augen; dem Gesetzgeber ist die beabsichtigte Vereinfachung der Grundsätze des römischen Rechtes wohl gelungen.

Diese Vorzüge dürften es daher auch wünschenswerth erscheinen lassen, wenn das kontroversenreiche und verwickelte Institut des römischen Rechtes in unser deutsches bürgerliches Gesetzbuch nicht mitaufgenommen würde, und dies umsomehr, als man doch zugeben muß, daß die mortis causa donatio des römischen Rechtes dem deutschen Rechtsleben ein fremdes Institut geblieben ist.

Wenn Cohen[2] den von dem sächsischen Recht eingeschlagenen Weg mit Rücksicht darauf als einen irrigen bezeichnet, daß weder der Vermächtnißvertrag noch das Legat dem ausgesprochenen Bedürfnisse, eine Schenkung noch zu Lebzeiten des Schenkers freiwillig vollziehen zu können, volle Befriedigung gewähre, so ist dieser Ausführung nicht beizupflichten. Auch nach dem heutigen sächsischen Recht kann dieser Zweck erreicht werden, und zwar durch eine neben der Schenkung auf den Todesfall und von dieser ganz unabhängig stehende Schenkung unter Lebenden. Es sind allerdings dann zwei Rechtsgeschäfte nothwendig, aber dieser Umstand wiegt die Vereinfachung der schwierigen Lehre der Schenkung auf den Todesfall, wie sie im heutigen sächsischen Rechte Platz gegriffen hat, bei Weitem nicht auf.

Wollte man demnach auch die Schenkung auf den Todesfall, wie der sächsische Gesetzgeber, als ein besonderes Rechtsinstitut aufgeben, so dürfte doch der im bürgerlichen Gesetzbuche eingeschlagene Weg nicht zur Nachahmung empfohlen werden. Die systematische Stellung unserer Lehre im bürgerlichen Gesetzbuche ist, wie oben gezeigt, vollständig verfehlt; aber auch die einzelnen gesetzlichen Bestimmungen (insbesondere § 2502) sind keineswegs als zweckentsprechende zu bezeichnen. Das beste und allen Zweifeln die Spitze abbrechende Verfahren würde ein stillschweigendes

---

[1] § 2556. [2] A. a. O. S. 173.

Uebergehen der Schenkung auf den Todesfall sein; man könnte dann denselben Zweck, welchen das bürgerliche Gesetzbuch durch drei Paragraphen in einem besonderen Abschnitte erstrebt, durch eine allgemeine Bestimmung des Inhalts erreichen, daß es auf die Worte bei Erbeinsetzung, Vermächtniß, Anwartschaft, Erbvertrag nicht ankomme, und daß der Ausdruck „schenken" dieselbe Bedeutung haben könne, wie „zum Erben einsetzen", „vermachen" u. s. w., sofern nur die sonstigen Requisite der Erbeinsetzung, des Vermächtnisses u. s. w. vorhanden seien.

Verzeichniß der gebrauchten Abkürzungen.

A. = Archiv für civilrechtliche Entscheidungen der sächsischen Justizbehörden. Herausgegeben bis 1884 von Wengler; seitdem von Francke (nach Jahrgängen citirt).

Annal. = Annalen des vorm. königl. sächsischen Ober-Appellationsgerichtes Dresden.

W. f. m. R. = Wochenblatt für merkwürdige Rechtsfälle.

Z. f. R. = Zeitschrift für Rechtspflege und Verwaltung.

A. F. = Alte Folge.

N. F. = Neue Folge.

2. F. = Zweite Folge.

Die Paragraphen ohne nähere Gesetzesangabe beziehen sich auf das Bürgerliche Gesetzbuch für das Königreich Sachsen.

Inhaltsübersicht.

Druck von Metzger & Wittig in Leipzig.

FSC
www.fsc.org
MIX
Papier | Fördert
gute Waldnutzung
FSC® C083411

Kolibri 360 GmbH
Ferdinand-Jühlke-Straße 7
99095 Erfurt, Deutschland
produktsicherheit@kolibri360.de